私が一番受けたい「いのちの授業」

いのちをバトンタッチする会代表
鈴木 中人

はじめに

ある日、お手紙が届きました。
子どもとお母さんからのクリスマスカードです。

「けいこちゃんへ
メリークリスマス　およめさんになれて　よかったね。
てんごくでも、かぜをひかないようにしてね。
わたしも　いのちをたいせつにします。
みんなをまもってくれて、ありがとう」

「鈴木中人様
いのちの授業を娘と聴きました。
涙があふれました、本当に感動しました。

家族がいっしょにいること、普通に暮らせることがどんなに幸せかと思います。

今みんなに伝えたい、私が一番受けたい『いのちの授業』です。

いのちのバトンをもらいました。

ありがとうございます」

お二人の姿が目に浮かび、胸が熱くなりました……。


私は、全国で「いのちの授業」をしています。

長女・景子（当時6歳）を小児がんで亡くした体験を通じて、「いのち」「生きる」「家族」「大切なこと」「幸せ」などをみつめるものです。これまでに1000校を超える学校を訪問しました。「いのちの授業」には、30万人を超える方が参加し、小学校で使う道徳の教科書にもなっています。

たくさんの子どもたち、家族、大人と出会い、「いのちのメッセージ」をもらいました。そこには、いのちや家族への思いがいっぱいあふれていました。みなさまの姿と思いに涙がこぼれました。

特に子どもたちからのメッセージは、大人が見失いかけている、大切なことに気づかせてくれました。一方で、子どもや大人の姿に、社会の現実も感じさせられました。

今、いのちが粗末にされるニュースが連日報道されています。「子どもの心や社会はどうなっているのだろうか」「家庭・学校・地域で、いのちの大切さをどのように子どもと育んだらよいのか」「いのちをどう支えて守ればいいのか」多くの人が、戸惑い、思い悩んでいます。

しかし、実は揺れ動いているのは子どもや社会ではなく、私たち大人の心ではないでしょうか。だからこそ、いのちに向き合い、いのちを大切にする心を育んでほしい。自分の生き方をもう一度みつめてほしい。切にそう願うのです。

その思いを胸に、いのちの実体験と実話、子どもや大人の生の声をもとに、いのちを育むために大切なことをこの本に綴りました。大人が子どもに示し教えることであり、大切にしたい「いのちの眼差し」を芽吹かせてくれるものを収めたのが本書です。

あなたは、たくさんの「いのち」と出会います。もし自分ならどうするだろうか。

いのち、生きる、家族、幸せとは何だろうか。出会うたびに、自身にそう問いかけてみてください。

この本は、「いのち」と「幸せ」を育む本です。
生きよう!
きっと幸せになれるから――。
そう感じてもらえれば幸いです。
では、「いのちの授業」を始めましょう。

目次

第二章 「いのちの授業」を始めた理由

第三章　いのちを育むために大切にしたい10のこと

第一章　小さな　いのちの話

発病

私は、愛知県に生まれて、地元の会社に入り、社内結婚をしました。妻の名を淳子といいます。

2月14日、バレンタインデーに長女を授かりました。子どもが生まれると、お父さんお母さんは一生懸命に子どもの名前を考えます。ちょっとうかがいます。あなたは、お父さん、お母さんが自分の名前をどんな思いでつけてくれたか知っていますか?

学校で講演を行うときには必ず、この質問をします。知っている、と答える子どもが半分いないときもあります。名前をつけることを「命名」、「命」の「名」と書きます。私たちは、お父さんやお母さんから名前をもらって人になります。その思いを知っていることが家族のスタートです。

私は、幸せなこと、おめでたいことがたくさんあってほしい。そう願って、風景の

自宅の前で

「景」をとり「景子」と名づけました。その後、弟の康平が生まれて、どこにでもいる普通の家族として暮らしていました。

しかし、人生の「まさか」――景子が小児がんを発病したのです。

3歳の夏でした。どうも元気がない。遊んでいてもすぐペタンと座り込んでしまうのです。また遊び出すのですがペタン。「どうしたの？」と聞いても、3歳の子どもですから要領を得ません。近くの病院に連れて行くと、「夏風邪です」と言われました。薬を飲めば大丈夫と思っていました。

私が会社にいると、淳子から電話がありました。電話の淳子は泣いています。「景子ちゃんのお腹に腫瘍がある、すぐ総合病院に行くように言われた」。その瞬間、「腫瘍？　がん？　そんなバカな……」。そんな思いが私の頭の中をグルグルしました。

翌日、紹介状を持って総合病院に行きました。診察室に入ると、紹介状を読まれた医師の表情がただならないとすぐ分かりました。触診の後、医師は言いました。「神経芽腫かウィルムス腫瘍があると思われます」。そんな難しい言葉を聞いても分からない。私はひと言、「がんですか？」。すると医師はただうなずきました。

あなたは、もし自分の子どもが「がんです」、と突然言われたらどう感じますか。悲しい、怖い、かわいそう……。私は何も感じませんでした。今起こっていることが現実に思えないのです。私と淳子はひと言も話しませんでした。言葉を失った瞬間でした。

入院の準備のため家に帰ります。茫然自失、何も手がつきません。でも景子は、いつもの景子です。「ラーメン食べたい、公園に行きたい」。そんな景子を見て、「なんで景子ちゃんが、どうして俺がこんなことになるんだ」。そればかりを思いました。

しかし、私と淳子にはしなければならないことがありました。入院のことを景子に話すことです。入院になると、景子と淳子は病院、康平は私の実家、私は自宅に、家族がバラバラになります。少しでも不安がないようにと思い、入院の前の晩、景子を寝かしつけながら話をしました。

「景子ちゃん、景子ちゃんのお腹に悪い虫さんがいるから、明日から入院だよ。でもお父さんお母さんいつも一緒だから、ひとりぼっちじゃないからね」

景子はたったひと言いいました。

「康ちゃんは？」

自分が大変な運命にあるときに、いつも一緒にいる弟のことを心配する。それまで家族が一緒にいるのは当たり前のことだと思っていました。しかし、その当たり前のこと、普通のことがどんなに素晴らしいか、初めて分かりました。

景子が寝た後、寝顔に向かって「どうか病気が治りますように」と、心から手を合わせました。

入院

大学病院に入院しました。小児病棟のベッド数は30床ぐらいです。入院患者の半分は、小児がんの小学生や中学生でした。

はじめに採血をしました。小さい子どもは針を怖がります。看護師さんが3人来て、景子をバスタオルでくるみ、上から押さえつけて注射をします。

私と淳子は廊下に出されました。部屋の中から、「針いやだ！　針いやだ！　お母さん、お母さん」と泣き叫ぶ声が聞こえてきます。声が切れるのです。廊下の淳子はずっと泣いていました。子どもの泣き声の辛さを初めて知りました。部屋に戻ると、景子はお母さんの手を握って、「針、いやだよ。お母さん、お家に帰ろう。お家に帰ろう」と大きな涙を流しました。

その後、いろいろな検査をしました。大変ショックなことがありました。医師から告げられました「病名は神経芽腫。病状は大変進んでおり、助かる確率は高くて15％です」。神経芽腫は、腹部などにできる小児特有の悪性固形腫瘍です。今、小児がんは治癒が期待できる時代になっていますが、当時はたくさんの困難がありました。

15％――もう諦めてください、と言われているようで、足が震えました。しかし、「15％ある、絶対に助ける、絶対に助ける」。そう自分に言い聞かせました。

その後、お腹の手術をして、抗がん剤の治療を繰り返しました。3〜4か月ほど過ぎると、完全寛解という状態になりました。検査をしてもがんがない状態になったのです。入院当初、医師から「何もしなければ半年もちません」と言われていました。医師も驚くような奇跡的回復でした。

しかし、ある晩景子がポツリと言いました。「私、天国いっちゃうの？」。淳子はその意味が分かりませんでした。よく聴くと、入院したときからずっとそう思っていたそうです。淳子は「みんな、おじいちゃんおばあちゃんになって死ぬのだから、景子ちゃんはまだ死なないよ」と言い聞かせました。

自分が死ぬ。3歳の子どもがそんなことを考えるはずがない、と私は思っていました。間違いでした。本能で感じるのです。不安なお父さんやお母さんの様子、いつもと違う様子にずっと不安だったのです。

その日から、景子にとって何が一番良いかを考えて行動するようになりました。そして、治療や検査のことを話すようにしました。そんなに難しいことではありません。痛いか痛くないか、どのくらい時間がかかるのか、お母さんも一緒か。

痛い治療や検査がたくさんあります。たとえば点滴の針を血管に刺します。今は痛くない注射方法もあります。当時は金属の針を直接刺しました。子どもの血管は細いので、何回も点滴をするとその血管が使えなくなります。最後は手や足の甲の血管に、ときに何十分も針を刺して点滴をつけました。

「痛い」と聞かされると、景子はもう涙が止まりません。でも暴れることはなくなりました。そして、治療が終わると「私頑張ったから、私頑張ったから」と言いました。子どもなりに病気に立ち向かう、そんな心を持ってくれたと思います。

当時の病室は、五畳程度の個室でした。そこに、景子と淳子のベッド、洗面所や食器棚、ウンコやおしっこをするオマルもあります。その部屋からは、ほとんど一歩も

病室にて

出ることができません。また、抗がん剤の副作用により、景子の髪の毛はすっかり抜けてしまいました。

12月、医師が言いました。「輸血を確保できないので、治療を延期するかもしれません」。私は何を言っているのか理解できませんでした。抗がん剤の治療をすると副作用で造血機能が下がるため、輸血をする必要があります。年末年始は日赤の血液センターがお休みになり輸血が不足するために、輸血が必要な治療はなるべく年明けにしていたのです。

景子のいのちは、親と病棟のスタッフが守っているとずっと思っていました。そうではありませんでした。私が会ったこともない、名前も知らないたくさんの人に支えてもらっていることに初めて気づきました。

私は輸血をするときに景子に言いました。輸血は小さなパックを点滴棒に掛けて、ビニールのチューブを通して入れます。私はそのパックを指さして言いました。「景子ちゃん、この輸血はみんなが痛い注射を我慢して、頑張れ景子ちゃん！　そう言って届けてくれたんだよ」

景子はそのパックを不思議そうにずっと見ています。そして、ペコリと頭を下げて「ありがとう」と言いました。自分はみんなに支えてもらっている、ひとりぼっちではないと感じてくれたのでしょう。

小児がんと暮らす

入院から206日後、一時退院ができるようになりました。手術をしてから2年間、抗がん剤の治療をします。抗がん剤は4週から6週間隔で投与するので、その合間に2週間から3週間くらい家に帰れるようになりました。

病棟を離れて家に帰ると、改めて小児がんを感じるようになります。抗がん剤の副作用で髪の毛は全部抜けています。スカートをはいたスキンヘッドの女の子。みんなが不思議そうに見ました。

また、地域の人もなんとなく病気のことを知るようになります。私と景子がいると、悪気はないのですが、「がん治ったの?」と聞かれたこともあります。そのときは景子の手を握って、「お父さんが守ってやるからな」と心の中で言いました。

景子も、病気のことを忘れませんでした。公園に行くと、小さい子どもは知らない同士でもすぐ仲良くなります。別れるとき、他の子どもは再会を期して、「またね」「明日ね」と言います。でも、景子のお別れの挨拶はいつも同じでした。「ありがとう」、そのひと言です。

また、初詣に行くと、景子のお願いはいつも同じです。「早く病気が治りますように」。それを聞くと、「来年、一緒に来られるかなあ」と感じたことを覚えています。

小児がんと一緒に暮らすことが、普通の生活になっていました。

ある日、とても嬉しいことがありました。治療が順調だったので、医師が「保育園に行っていいよ」と言ってくれたのです。景子は思わずバンザイ。そしてお友達や看護師さんに、「保育園に行ける！　保育園に行ける！」と言って走り回りました。

しかし、私にはとても不安がありました。保育園や幼稚園は義務教育ではありません。小児がんの景子を受け入れてくれるだろうか。早速、市役所に相談に行きました。

市役所の窓口の若い方が言われました。「保育園は、障がい者のリハビリ施設ではありません。市では判断できませんので、診断書を持って直接保育園へ行ってください」。たったそれだけでした。怒り……怒りを感じました。小児がんへの偏見、どうしてハンデがあると普通の生活ができないのか！　しかし、その場で言い争うことはしませんでした。大人の世界のことで子どもの夢を壊してはいけない。景子を連れて保育園に行きました。

とても辛かったです。もし自分の子どもから「どうして私は保育園にいけないの」と聞かれたら、あなたは何と答えますか？　私は言葉を見つけられませんでした。

保育園の先生が言われました。「お父さんお母さん頑張られましたね。今は医学が進んでいるので必ず治りますよ。みんなで受け入れますので安心して来てください」。嬉しかった。本当に嬉しかった。弱い者のひがみかもしれません。小児がんの家族、難病の家族というレッテルというか、社会の特別な視線をずっと感じていました。だからこそ本当に嬉しかったです。

景子は年長さんのクラスに入りました。最初は戸惑いましたが笑顔いっぱいで保育園にいきました。子どもは環境とともに、がらりと変わります。

5歳ぐらいになると、子どもはひとり遊びをします。景子は、病棟ではいつも看護師さんごっこをしていました。病棟ではお利口に注射や治療を受けると、お利口さんシールをもらえます。景子は空になった注射器の容器をたくさん集めていました。それを持って人形を抱いて、「はい、注射しますよ。動いちゃダメだよ。動くとお利口さんシールもらえないよ」と、自分がいつも言われていることを言っていました。

しかし保育園に行くようになると、看護師さんごっこをまったくしなくなりました。するのは保育園の先生ごっこです。幼い康平はおもちゃなどの後片付けができません。

大好きな保育園で

すると景子がすっと立って、「康平君、出したら片づける。ちゃんとしましょう」と親よりしっかりしつけてくれました。

またお友達が家に遊びに来ます。私がどうしているかなと思って覗くと、景子が来て、「ここは子どもたちのお城。大人はあっちに行って」と言うのです。入院中は、どこへ行くにでも「お父さん来て、お母さん来て」といつも言いました。「あっち行って」。ちょっと寂しかったですけど、嬉しかったです。

でも普通の生活ができたわけではありません。一月のうち半分くらいしか保育園に行けません。みんなの後ろをついて行くのが精一杯でした。保育園では、景子のお世話当番が決まっていて、みんなが交代でお世話をしてくれました。

それでも景子は、笑顔いっぱいで保育園に行きました。なぜ笑顔で保育園に行けたのでしょうか。それは、お友だち、先生、お母さんたちが、小児がんの景子を普通の子どもとして受け入れてくれたからです。

普通じゃないですよ。普通ではないけれども普通の子どもとして接してくれたのです。だから景子も、自分はお友達と同じ、病気は必ず治る。そう思えたのです。あなたの周りにハンデを持った子どもがいたら、同情や哀れみはいりません。普通に、普通に接してください。

こんな生活をしながら治療終了の2年がだんだん近づいてきました。もう大丈夫、やっと普通の生活に戻れると信じていました。

再発、輝きのある生活を

ついに治療終了の精密検査を迎えました。全部異常なし。最後に、念のために脳のCT写真を撮りました。結果を聞いて、言葉を失いました。転移が見つかったのです。当時、神経芽腫の脳への転移は、学会で発表されるくらい珍しい症例でした。廊下で淳子が、「景子ちゃん、いっぱい、いっぱい頑張ったのに」と涙を流しました。

手術、放射線、抗がん剤治療を繰り返しました。「なんとか助けたい」と東京の病院にも行きました。しかし、骨髄への転移が発見されて医師から告げられました。

「大変残念ですが、あと数か月です」

ひと言も言葉が出ませんでした。最初に病名を言われたときも言葉が出ませんでした。私はそのときに比べて何百倍の知識も覚悟も持っていました。でもやっぱり言葉が出ませんでした。

私と淳子は二つのことを決めました。一つは、景子に輝きのある一日を届けることです。景子のいのちが一番輝くとき。それは海外旅行に行ったり、高いフランス料理を食べたりすることではありません。お友達と同じ普通の生活をすることです。保育園に行く、公園で遊ぶ、お家でご飯を食べる。そんな時間を一時間でもと願いました。もう一つは、安らかに天国におくることです。神経芽腫は悪性度が高く、全身の骨などにも転移します。私は、痛みや苦しみがコントロールできなくなったときは、安らかにおくろうと決めました。

子どもが死ぬ―そう思って暮らす。本当に辛い毎日が始まりました。

一月に保育園で生活発表会がありました。この頃、景子はほとんど保育園に行けませんでした。でも、いつも先生が手紙をくれました。手紙には、笠地蔵の劇をするときのセリフや動きについて、コメントがたくさん書いてあります。景子と淳子は、病院の個室で練習して生活発表会に行きました。

女の子はみんなピンクの鉢巻きをします。景子は髪の毛が一本もありませんが、途

保育園の生活発表会

中でお家によって、自分でピンクの浴衣を選びました。そして、笠地蔵のナレーターを一生懸命してくれました。

生活発表会が終わった後、やっぱり家に帰れずに病院に戻りました。楽しかった生活発表会。寂しい病棟。景子も何か感じたのでしょう。ポツリ言いました、

「お母さん、ごめんね。私が病気だからずっと病院にいなくちゃいけないね。お母さんごめんね」

淳子は、「ううん、景子ちゃんと一緒だから寂しくないよ」そう言って、景子が寝た後、トイレでずっと泣き続けたそうです。

私はそれを聞いて、「景子ちゃん、ごめ

んね。いのちを救えず、ごめんね」と寝顔に向かって謝りました。そして、一日でも一時間でも長くいい時間がありますようにと祈りました。

最後のお誕生日

2月、景子の誕生日を前にしたある日のことです。淳子が私に言いました。「お誕生日プレゼントはウエディングドレスにしたい」と。「どうして?」。すると「一度でいいから、景子ちゃんのウエディングドレスをみてみたい」と答えたのです。私は、それだけですべてが分かりました。

数日後、淳子は、子ども用のドレスショップに行きました。店内のお客さんは、みんな家族連れです。一人だけでいるのは淳子だけでした。淳子は、景子が病院のベッドで寝ているときに、気づかれないように景子の体のサイズを測っていました。ドレスを選びながら、本当に辛かったそうです。

みんな家族連れで嬉しそうにドレスを選んでいる。でもここに景子はいない。他の子は、いつか本物のウエディングドレスを着て、純白の花嫁になることができる。でも景子にはその日はありません。それを思うと、涙がこぼれたそうです。

ついにお誕生日。淳子は大きな箱を景子に渡します。景子は、「えっ、これ何？」とドキドキ顔で箱を開けます。「うわー、お嫁さんのドレスだ!! やったー」。大喜びです。早速、ドレスを着てみます。鏡に映った自分をじっとみつめて言いました。「きれいだね。私もお嫁さんだね。でも……髪の毛があったらもっとかわいいよね。しかたないね」。「景子ちゃん、かわいいよ」と、私は笑顔で言ながらも切なく胸が痛みました。

数週間後、カツラが届きました。ウエディングドレスと髪の毛のことを、淳子は病院で一緒に入院していた白血病の子どものお母さんに話しました。その子が使っていたカツラがいらなくなり、景子にアレンジしてプレゼントしてくれたのです。

せっかくだからと、淳子は景子にお化粧もします。ほお紅と口紅をつけてもらう景子は神妙にじっとしています。そして、鏡に映った自分に、うっとりしながら本当に嬉しそうに言いました。「お父さん、写真を撮って！」

私は、景子の花嫁姿を何枚もとりました。すると、「もう景子ちゃんの花嫁姿は見られない」「どうして景子ちゃんが」との思いが込み上げてきます。涙でカメラのピントが合いませんでした。

それは覚悟のときでもありました。私は、この写真を景子の遺影にしよう。淳子は、このウエディングドレスで家を送り出そうと決めました。

今、その花嫁写真は、自宅の仏間に飾られています。

生き抜く

その頃、決めなくてはいけないことがありました。小学校への入学です。私はターミナルに向かう景子が普通小学校に入ることは無理では、と思っていました。淳子が言いました。「景子ちゃんはお友達と一緒に学校に行けると思っている。一日でもい

小学校の入学式

い。一日でも行けたら、景子ちゃんはそれで満足だよ。もし、みんなと行けないと分かったらかわいそうすぎる」

私は恥ずかしかったです。普通の生活を、輝きのある生活をと言いながら、どこかに変な遠慮がありました。小学校に行って先生にお願いしました。ただ景子がターミナルに向かっていることは話しませんでした。話せばすぐに入学できたと思います。でも同情や哀れみの中では景子のいのちは輝かないと考えました。そのことで、後で学校にご迷惑をかけました。今でも申し訳ない気持ちです。

4月、普通小学校に入学できました。学

校の先生が配慮してくれて、仲の良いお友だちを同級生にしてくれました。景子は、「みんな優しいよ。学校、楽しい。お勉強、頑張らなくちゃね」と、笑顔いっぱいです。

しかし、入学式の前の晩、淳子は「こんな悲しい入学式はない」と言って、ランドセルの横で涙を流しました。ランドセル、服、シューズ、鉛筆、ノート、全部ピカピカです。でも景子の体は病気に侵されている。みんなで撮ったクラス写真。他の子には何十枚の中の一枚です。でも恐らく景子には、最初で最後のクラス写真。入学式は、子どもにも家族にも明日への希望があふれています。でも、景子にはその明日がありません。それはどうしようもないことでした。

5月、景子は車いすの生活になりました。長期の抗がん剤治療や骨への転移の影響で足の骨にひびが入って、走るだけで骨折するかもしれない状態になったのです。

この頃、景子は朝8時半頃淳子と一緒に学校に行きます。自分で車いすを押して教室に入り、授業を受けて給食を食べます。昼ごろ淳子が迎えに行って、病院に行きます。ほぼ毎日輸血をしないと、もう普通の生活ができない状態でした。

輸血は2時間から4時間かかります。その間に宿題をしてご飯を食べる。夜8時か

看護師さんの結婚式

9時に自宅に帰ってきて、お風呂に入って10時頃寝ます。大人でも大変な一日です。私や淳子は、「学校へ行きなさい」と一回も言ったことがありません。景子はいつも「学校楽しい。先生やお友達に会いたい」と学校に行きました。

また、景子はお嫁さんが大好きでした。看護師さんの結婚式があると連れて行ってもらいました。看護師さんは、みんな知っていました。景子はお嫁さんが大好きなこと。そして、あと数か月で天国にいくことも。結婚式から帰ると、「私も早くお嫁さんになりたい」。そう言って、嬉しそうに自分の花嫁姿を絵に描きました。景子は、ふと私に言いました。

「お父さん、わたしと結婚する人はどこにいるんだろうね」

「どこにいるんだろうね。早く会えるといいね」

「でも、ちょっとはずかしいね」

少し照れた景子と私は、お互いに照れ笑いです。でも、私の目は涙で潤んでいたことを覚えています。

この頃の景子の容姿は、髪の毛はありません。脳の手術をしているので、十センチぐらいの傷跡が頭にあります。また長い間の抗がん剤の影響で、目の周りがパンダみたいに青いあざになっていました。さらに車いす。景子を見た人は、大人も子どももも振り返りました。でも景子は「容姿が恥ずかしい」「外へ行きたくない」と一回も言ったことがありません。そんな景子に、「景子ちゃんは死んでしまう。すべてが無駄になる。なんで頑張るのだろう」。何回も何回もそう思いました。

間違いでした。景子は死んでしまう子ではなく、生き抜いている子どもでした。今できることを一生懸命やっていました。「学校に行きたい」と願って、毎日車いすを押したのです。「病気を治したい」。そう思って痛い注射を我慢したのです。今できることを一生懸命すると、いのちはいっぱい輝く。その輝きは死んでも決して消えない。生き抜く、そのことを景子から教えてもらいました。

悲しいウソ

淳子はいつも寝るときに、景子と康平に紙芝居の読み聞かせをしていました。この日、マッチ売りの少女の紙芝居を読みました。すると、突然景子が尋ねます。

「お母さん、死ぬとどうなるの？　もうお母さんと会えなくなっちゃうの？　死にたくない。死ぬのが怖い！」

そう言って大声で泣き出しました。私は景子のところに行って、「悪い奴が来たら、お父さんがやっつけてやるから大丈夫だよ」

景子は「うん、守ってね」そう言って、安心したように寝ました。

景子が「死ぬの？」と聞くのは2回目です。1回目は、入院したとき「私、天国にいっちゃうの？」と尋ねましたが、「死なない」と言いました。2回目はそう言えませんでした。そして私が守ることも絶対にできません。

私と淳子は、何回も何回も悲しいウソを言いました。そして、人生には悲しすぎて、辛すぎて、苦しすぎて、ウソを言うしかないときがあることを知りました。

お別れの挨拶？

6月、学校で授業参観がありました。私は入学式から学校に行っていませんでしたので、とっても楽しみにしていました。でも景子は朝から本当に辛そうです。景子に聞きました。

「今日休む？」

「う～ん。今日、お父さん来る日でしょ。私頑張るから」

そう言って学校に行ってくれました。

私が教室に入ると、景子は先生の教卓のすぐ前に車いすで座っていました。先生が何かあってもすぐ行ける位置です。そして、「ハイ」と一生懸命に手を挙げてくれます。その姿に、いのちを削って親孝行をしてくれているように思いました。でも景子は腰に手をあてて本当に辛そうです。

放課になったときに、「帰る?」と聞くと、「帰る」と言いました。

自分から「帰る」と初めて言ったのです。家に帰って少し休むと、気分が良くなったのでしょう。私が康平を迎えに行くために、保育園に行こうとすると、「ついて行く」と言いました。今まで一回も言ったことがありません。その日に限って「ついて行く」と。私は大丈夫かなあと思いましたが、連れて行きました。

保育園の駐車場に着いて、私が車いすを出そうとすると景子が言いました。「歩く!歩く!」。たぶん、大好きな先生に会うのに、歩けなくなった自分の姿を見せたくないと思ったのでしょう。

今でも鮮明に覚えています。景子は自分で後部座席から降りてきて、車体に両手をついて体を支えます。足の裏を地面にすりながら、1歩でやっと10センチぐらい進みました。数歩動いた後、30秒くらい何も言わずに車にずっと寄りかかっています。そして、「おんぶ」と寂しそうに言いました。おんぶしました。

軽かった……。本当に軽かった。そして手足が細いのです。景子が死ぬことを体で感じました。駐車場から門まではほんの100メートルくらいですが、涙で歩けなかった。お父さんが泣いていると気づかれてはいけません。私は涙をぬぐわずに歩きました。

景子は先生に会うと嬉しそうに抱きつきました。帰るとき、私がおんぶをしているので、景子の手が私の目の前に出てきます。そして耳元で小さな声が聞こえます。

「さようなら……。さようなら……」

お別れの挨拶をしている—そんな不思議な気持ちになりました。

ターミナル

その日の夜、病状が急変しました。激しい痛みで、景子は猫みたいに丸くなって動かなくなったのです。翌朝、病院に戻って緊急検査。脳、肺、腎臓、肝臓、骨、がんが全身に広がっていました。「あと2週間か、3週間です。モルヒネを使います」と医師が告げます。私はすべてが分かりました。

病室に戻って、医師が言われたことをメモして淳子に渡しました。淳子はそれを読み、目に涙をいっぱいためて景子が大好きだった人生ゲームを始めます。私と淳子は入院したときに一つの約束をしました。どんなことがあっても景子の前で涙を流さない。淳子はそれを守ったのです。お腹を痛めた子どもが死ぬ。それが分かったとき、涙を流さなかったのではなく、流せなかったのです。辛かったと思います。

その日病院から家に帰るとき、涙で車が運転できませんでした。何回も何回も車を止めました。人生には、どんなに頑張っても、何をやっても、どんなに祈っても、ダメなことがあると思い知らされました。

ターミナルは、一日一日といのちが衰えていきます。でも景子は前向きな気持ちをなくしませんでした。少し気分が良くなると「宿題やるから起こして」と言いました。

景子の身長は120センチくらいですが、病気のためにお腹の周りが70センチを越えていました。まるでカエルをひっくり返した感じです。もう自分で1センチも動けません。私は、宿題は無理だと思って「絵本、読もうか」と聞きました。すると「先生がちゃんと宿題やろうねと言っていたよ。それにお勉強しとかないと、次に学校行ったときに困るでしょ」と言いました。

私と淳子は景子を起こして、大きなクッションにもたれさせました。景子は、もう自分でノートを押さえられません。私がノートを押さえて、淳子が肩を支えます。ひらがな練習帳をしました。

景子は「ハー、ハー」と1画書くごとにため息をついて書きました。もう鉛筆が握れない、お腹が大きいために手が伸ばせない、10秒座っていられない。他の子なら数

10秒で書く練習帳を、10分も20分もかかって書きました。「もう頑張らなくていい、もう頑張らなくていい」と、私は何回も何回も思いました。夜、景子の書いた練習帳を見ると、涙が止まりませんでした。

病状が進みます。景子は「痛いよう……。えらいよう……。怖いよう……」と言って、救いを求めるように私をみつめて大粒の涙を流しました。

子どもが死んでいく姿が見えるのです。黄疸が進むと白目が黄色になります。おしっこが自分でできないのでチューブを入れる。内出血をしているので、おしっこが褐色です。皮膚がだんだん紫色になっていく。でも、もう何もすることがない。何もない。手を握って「お父さんいるよ、お母さんいるよ」としか言えません。「代わってやれるなら」と何度も思いました。でも代わることもできません。

一日一日、半日半日、自分の子どもが死んでいく姿を見続ける。筆舌し難い苦しみです。自分が死んだ方が楽だと何回も思いました。

やがて、うなされるようになりました。「お願いもうやめて、お願いもうやめて」。無意識の中でそう言うのです。それしか言わない。痛みや苦しみを言っているのか、何を言っているのか分かりません。誰よりも頑張ってきた景子が自分の最後を悟ったと思いました。私は景子に言いました。

「もういいよ、もう頑張らなくていい。もういきなさい」

子どもに、「死になさい」と言う親を鬼のように思うかもしれません。でもそれが、親として最後にできることでした。

尊厳ある生

翌日の早朝。景子は、顔面蒼白になって全身けいれんを起こしました。脳への転移が進み、脳圧が上がったのです。主治医が緊急処置をして私に尋ねました。「どうしますか？」

私は、痛みや苦しみがコントロールできなくなったら、大量の鎮静剤で眠らせてほしいとお願いしていました。それが事実上の別れになることは十分認識していました。

「景子ちゃん、頑張ったね。

景子ちゃん、ごめんね。

……。

景子ちゃん、ありがとう」

そう伝えて鎮静剤を投与しました。

鎮静剤を入れると、末梢神経が痺れて瞼が2、3ミリ開いて閉じなくなります。しばらくすると目の表面は、水分を失いかさぶたみたいになりました。医師は「もし覚醒させたら激痛ですが、薬量は十分ですので大丈夫ですよ」と言って、景子の目の上にガーゼを置いてくれました。

その後、私は景子の寝顔をみつめていました。

突然、景子が首を持ち上げて起きようとするのです。「おきゃあさん！　おきゃあさん！」と叫びながら。意識が覚醒したのです。景子は、体が動かない、真っ暗闇の絶望的な恐怖の中で、「お母さん」と叫び続けたのでしょう。私には、すぐに医師を呼び、もう一回大量の鎮痛剤を入れることしかできませんでした。

景子の最後は、安らかに天国へとは真逆になってしまいました。私は、親として最後の願いも果たすことができなかったのです。そして、淳子にも長い間話すこともできませんでした。

私は医師に伝えました。「痛みと苦しみは除去してください。それ以外の延命処置は望みませんので、もう治療を止めてほしい」と。

医師は驚いた表情をしながら言われました。「個人として、そのお気持ちは分かります。でも、それは安楽死になります。もう景子ちゃんに良いことしかしません。あと数日です。一緒に良い時間を過ごしましょう」。自分の子どもを殺そうとは思いませんが、これ以上治療を続ける意味も分かりません。でも、あと数日とのこと。医師に任せることにしました。

しばらくすると、看護師長さんが病室に来て淳子に言いました。「お母さん、泣いていたらダメですよ。景子ちゃんは、まだ頑張っているのだから」。その二人の姿は、水槽の中のように映り、まったく現実のことに感じられません。その後、私には信じられないことが続いたのです。

ある看護師さんが体拭きに来てくれました。タオルを手に取り、言います。「あれ、冷たいね。景子ちゃん、冷たいのは嫌だよね。温かいのと替えてくるからね」。別の看護師さんが食事を持ってきてくれました。「景子ちゃん、大好きなハンバーグだよ。みんなで、いっぱい旗を立てたから食べてね」。医師が排尿の処置をすると、「景子ちゃん、すっきりしたね。いっぱい寝れるぞ」。みんな知っていました。景子に意識がないこと、何も感じていないことを。

私は、初めて気づきました。私は、どう看取るか「尊厳ある死」を思っている。周りの人は、どう寄り添うか「尊厳ある生」を思っている。尊厳ある死は、尊厳ある生の先にあるもの。いつどう逝くかは、その人が自然に決めればいい。そして、医学は科学。医療は人間愛。そのことを、景子が旅立つ10数時間前にやっと思い至りました。

7月5日午後8時24分、たった一人で天国に逝きました。

病気を見つけられなかった、治せなかった、最後は薬を使って眠らせた。別れの悲しみと、自分を責める気持ちがいっぱいでした。ただ涙があふれました。

「殺したー。殺したー」

部屋を片づけて、病院から出るために車に乗ろうとすると、淳子が言いました。

「景子ちゃんの体が冷たい。風邪をひくといけないから、タオルケット掛けて」

死んだ人間は冷たくなります。風邪なんかひきません。淳子はタオルケットを掛けると、「景子、寒くないか。お家帰ろうね。お家帰ろうね」と声をかけてずっと抱っこしていました。私も病院を出るとき、「景子ちゃん、もう病院来なくていいよ、もう来なくていいからね」と教えてあげました。

家に帰って葬儀の準備をします。一人ひとりに景子の訃報を伝えること、元気な景子の同級生を見ることが辛かったです。そんなとき、病院の看護師さんがお通夜に来てくれました。そして言われました。

「景子ちゃんのいのちは短かったけど、お父さんお母さんの愛情いっぱいの中で、幸せだったと思いますよ」

本当に救われました。殺したと思っているときでしたので。その言葉のおかげで、今こうしていられるのかもしれません。

家から送り出すとき、淳子は景子に白いウエディングドレスを着せて、自分が結婚式のときに持ったブーケを持たせて、大好きだったお嫁さんの姿にしました。私はもう絶対になれない花嫁の父として、景子を送り出しました。

6歳のお嫁さん――。

景子の夢はかないました。


火葬場でのことです。私たちの地域では、喪主が最後にお別れをして棺を炉に入れます。最後に私が見ると、景子の両目から涙が出ているのです。ほんの数分前まで何もありませんでした。私はハンカチで涙を拭きました。そして「景子ちゃんごめん、ごめん、ごめん」と言って炉に入れました。

景子は焼くと灰になってしまいました。頭蓋骨の内側が病気のために真っ黒でした。

私は、「景子ちゃん、悪い奴全部やっつけた。もう痛くないよ、もう痛くないよ」と言って骨を拾いました。

2年11か月。2年11か月闘病して、景子は、小さな白い箱になって家に帰ってきました。

お嫁さんになった景子

第二章 「いのちの授業」を始めた理由

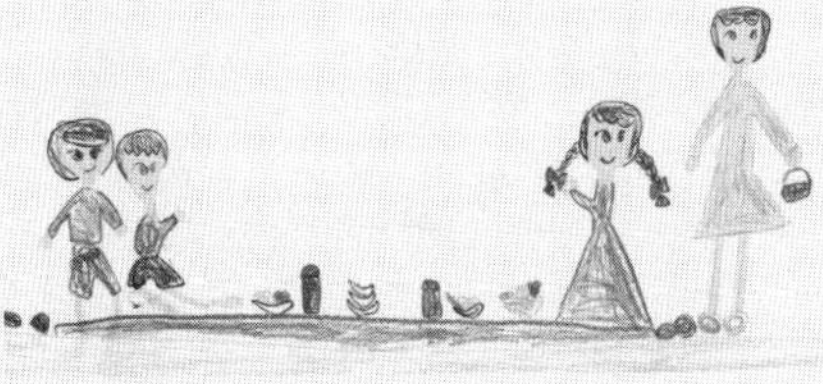

逆縁の悲嘆

逆縁という言葉があります。親が子どもを亡くして供養することが、世の中で一番辛いと言われます。子どもを亡くした喪失感、子どもを救えなかった罪悪感、そんな気持ちを誰にも話せません。そして、人間ひとり死んでも世の中は何も変わらない。いのちの無常さ。

逆縁の辛さは、子どもを亡くすまでにたくさん涙を流すことにあります。しかもそれで終わらないのです。新しい涙が出てくるのです。

まず周りの人との関わりの中で悲嘆を感じます。周りの方が声をかけてくれますが、心の中でつい反発してしまいました。「頑張ってください」には、「これ以上何を頑張ればいいのか」。「お気持ちが分かりますよ」には、「分かるはずがない」と。もう触れてほしくないと、私は子どものことを話さなくなりました。そして、今まで以上に働きました。「俺はもう大丈夫だ」と。でも、装っている自分が分かるのです。

自分と向き合う中でも悲嘆が深くなります。景子がいなくなっても、家の中は変わりません。机、椅子、ランドセル、服、シューズ……何も整理できません。ふと景子の声が聞こえてくるように感じます。スーパーに行くと、「景子ちゃん、イチゴが好きだったなあ」。公園に行くと、「このブランコで遊んだなあ」。いつも景子を感じました。

七五三、天国のお姉ちゃんと

景子が亡くなったとき、景子7歳、康平5歳の七五三の歳でした。3人でお宮参りに行くと、康平が言いました。「お姉ちゃんに飴を買っていく」。自宅に帰り、遺影の前に景子の着物を出して、4人で写真を撮りました。

大切な人をおくること

死別した後、私は小児がんの支援活動に携わりました。人助けではありません、罪滅ぼしの思いです。

その活動には、私と同じように子どもを亡くした仲間がたくさんみえました。気持ちを分かち合える仲間がいる、それだけで心が癒やされました。

その逆縁の先輩たちは、天国にいる子どものことを、目を潤ませながら笑顔で話してくれます。「チョコレートが大好き。私が買っていくと苦しくてもいつも嬉しいそうにしてね。中学生にもなって」「桜の花が大好きで、病院の桜の下でずっと走り回って、風邪をひかないかと心配でね」

どうして笑顔で話せるのだろうか？　私もいつか話せるようになれるかなあと思いました。

相談会では、闘病中の家族から質問や悩みが語られます。そのすべてが、私と淳子が同じように思い悩んだことばかりでした。私の体験が何かのお役に立てればと思い、体験記をつくることを考えました。

私と淳子は、闘病中のことを「景子ちゃんノート」と呼んで大学ノートに記録していました。そのノートを参考に書き始めました。でも、たった1ページが開けないのです。一つの文章に、そのときの情景が蘇ります。景子の声、表情、匂いさえも。そして涙があふれました。

約1年かけて原稿らしきものができました。そこには、怒り、絶望、悲しみ、苦しみばかりが綴られています。不思議なことに、何回も書き直す中で思いが変わっていくのです。「先生、休日の夜に病院に駆けつけてくれたなあ」「大雨の中、看護師さんがハンバーグを買ってきてくれた」……。やがて、原稿の中に「感謝の言葉」が綴られるようになりました。

今、大切な人をおくることとはどういう出来事なのかを思います。

それは死なれる体験をすることです。その人になってほしかったこと、一緒にしたかったこと。その夢や希望を奪われ、自分の人生の大きな部分をなくすことになります。そこからの歩みは、元に戻る・立ち直るということではありません。その大切な人がいない人生を再構築していく歩みのように感じます。

その「歩みの灯」として、二つのことを大事に感じます。

一つは、「大切な人は、今もいっしょなんだ」との思いです。それが、悲しみや寂しさを癒やしてくれます。もう一つは、自分の体験や思いを「物語る」ことです。最初は、涙や感情で言葉にさえできません。やがて、言葉が話となり、話が物語となってくれます。そして、「あのおかげで」との思いが芽吹いてくれます。そのとき、大切な人の死は意味あるものとして受け入れられるように思います。

約1年をかけて書き上げた原稿は冊子「景子ちゃん　ありがとう」にして、お世話になった方にお届けしました。感謝の思いとともに。

子どもの供養とは

景子との死別後、私は、心の在り方、生き方などの本を読むようになりました。文字となっている「他人」の悲しみ・苦しみ・痛みなどが、不思議なほど「自分」のこととして感じられました。

ある日、本屋でふと一冊の本の題名が目に飛び込んできました。「人は何によって輝くのか」（神渡良平著・ＰＨＰ研究所）。帯には「いかなる境遇でも、私に何ができるかを考えよう。内なる神の声が聞こえる感涙の紀行エッセイ」とありました。私はその題名にひかれて、なんとなく本を購入しました。

本は、著者の四国お遍路での思い出から始まります。その中に、著者と病気で子どもを亡くした父親が民宿でビールを飲みながら語らう場面があります。

「痛みは人間を成長させます。子どもを亡くすという悲しい出来事があったからこそ、人の気持ちが分かるようになったのではないでしょうか。お子さんは、お父さんを大きく引き上げることによって、使命を果たしているんです」（著者）

「どういうことですか？」（父親）

「子どもの死ほど深刻な打撃はありません。でもそれによって、親が新しい世界を獲得できたら、子どもは大きなことを成し遂げたことになります。親と子は、使命と言う観点では同じなのです。子どもの分まで生きるのです」（著者）

「子どもが私の覚醒をうながしていたとは、子どもの生は私の生として生きているんですね。私が生まれ変わることが一番の供養なんですね」（父親）

子どもの供養とは、親が生まれ変わること、子どもの分まで生きること—。

その瞬間、目が開き、涙があふれてきました。「ああ俺は死を受容しただけだった。自分は何も変わっていない、何もしていない。景子ちゃん、ごめん……」。たぶん、同じような言葉をそれまでに何度も見聞きしていたと思います。しかし、何も感じることはありませんでした。時と涙が心を変化させてくれたのでしょう。

しかし、どう変わったらいいのか？　何をしたらよいのか？　まったく分かりません。その日から、それを求めるようになりました。

本当に不思議ですが、求めるものが変わると、出逢いや気づきが変わります。私より、もっともっと辛い涙を流している人と何人もお会いしました。余命数年の中で人のために尽くす人、難病ですべての子どもを亡くす運命にも感謝する父親、小児麻痺のハンデを背負いながら会社を創業して一生懸命に働く人……。

出会いと気づきが積み重なり、感じることも少しずつ変わりはじめました。それまで、小児病棟で出会う髪のない子どもたちは、死んでしまう子どもに見えていました。しかし、その子どもたちに生きる力やいのちの輝きを感じるようになりました。

いのちのバトンタッチ

冬のある日、青木新門さんを囲む集いに来ないかと友人に誘われました。青木さんは、映画「おくりびと」（日本アカデミー賞受賞）のモデルとなったと言われる方です。何千人もの亡くなられた方の化粧や湯灌された納棺夫であり作家です。
お話が終わった後、私は青木さんと同じテーブルでした。私が景子や子どもの供養の話を伝えると、「いのちのバトンタッチ」という詩を読んでくれました。

いのちのバトンタッチ
人は必ず死ぬから　いのちのバトンタッチがあるのです。
死に臨んで先逝く人が「ありがとう」といえば
残る人が「ありがとう」と応える。
そんな一瞬のバトンタッチがあるのです。
死から目をそむけている人は　見そこなうかもしれないが
そんないのちのバトンタッチがあるのです。

そして、ほほ笑んで言葉をつないでくれます。
「納棺夫をしていることで、私は親族からも周りからも罵倒され続けました。でも、自分は今裸で生まれた。光の世界の中で、いのちの仕事をさせてもらっていると思えたとき、自分の仕事に自信が持てたんです。鈴木さんも今裸で生まれたと思って、お嬢さんが遺してくれたことを大切にバトンタッチしたらいいじゃないですか」

魂が覚醒した瞬間でした。

私は、「景子を殺した」という罪の意識を持ち、「どう生まれ変わるか」を求めていました。囚われの心でした。全部取っ払って、「今生まれた」と思えば、目の前にあるのは真っ白なキャンパスです。そこに大切にしたいことを、一つ一つ描いていけばいいんだ。

いのちのバトンタッチ――。

それが自分のすることだ。そして、会社に勤めながら、学校などで自分の体験を話すことをボランティアで始めました。

人生二度なし、子どもの分まで生きる

私の話に多くの人が涙を流してくれました。すると、「景子が生かされている」と自然に感じられ、自分がとても救われるように思えるのです。

景子のことを語る回数を重ねる中で、人生の仕事とは何だろうか、とふと考えることがありました。会社の仕事は、会社を辞めれば終わります。私にとっては、景子のことを語ることが、人生の仕事ではないだろうか。しかし、平凡なサラリーマンが会社を辞めては食べていけません。「人生の仕事なんて、夢物語だな」と苦笑いをしたことを覚えています。

夏の日、私はいくつかの介護施設を訪問しました。母が脳梗塞で倒れたのです。そこで、意識も定かでない、身体が不自由な方々と出会いました。中でも、事故や若年性の認知症などで介護を必要とする方が、私と同じ世代にもいらしたことは、大きな

衝撃でした。

　私は、自分の子どもを亡くして、たくさんの小児がんの子どもたちが亡くなる姿を見聞きしています。「自分も死ぬこともある」と感じていました。しかし、死ぬまでは元気だろう、となんの根拠もなく思っていたのです。

　そうではない。今日倒れて、突然動けなくなることもある。今倒れたら、自分の人生はどんな意味があるだろう？　体が動くうちに、自分にとって大切なことをすることが、意味ある人生になるのではないか。

　それと同時に、天の声も聞こえてきました。「バカなことは止めろ！　いのちで飯が食えるか！」。当時、私は四十六歳で定年後のセカンドライフを考える年齢でもありません。康平はまだ中学二年生です。先々の確信は何もない、家族を犠牲にしていいのか？　夫、父親として、バカなことは止めることが大人の常識です。しかし、まったく違う思いが全身に込み上げて来るのを抑えられませんでした。

　人生二度なし、景子の分まで生きる――。

　今、行動しなければ、「あのとき、ああすればよかった」ときっと後悔してしまう。

やるだけのことをやってみよう。それは、自分の生き方を求めた瞬間でした。そして、会社を早期退職して「いのちの授業」を始めました。

「いのちの授業」を始めた理由は、立派な理想や使命感からではありません。景子が生かされる喜び、自分が救われる、後悔したくない思いが大きな理由だったように思います。景子が旅立って十年目でした。

「いのちの授業」を始める

退職後、「いのちの授業」に取り組むための会を、ご縁ある方々に発起人をお願いして設立しました。名称は、「いのちをバトンタッチする会」です。

会を設立したとはいえ、事務所は自宅、事務用品は私個人のパソコン、電話、ファックスがあるだけでした。会の形態は任意団体で、日常的なスタッフは妻という「ボランティア」だけです。

それに、草の根の無名講師に、講演依頼がどんどん来るほど世の中は甘くありません。手帳には、予定無しの日が何日も何日も続きました。私の活動は、語る場をいただかなければ何もできません。なんとかしなければと焦りがつのり、仕事がない不安を体で実感させられました。初めて講演依頼の電話があったとき、「ありがとうございます」と受話器に手を合わせていました。

そんなときは、発起人になってくださった方々の言葉を何度も思い出すのです。

「本当に世の中に必要なことは、天がほかっておかない。広げようと焦ってはいけない。本当に必要なことは広がるものだ。困難に直面したら、それは、自分の本気さが試されていると心しなさい」（志ネットワーク　上甲晃氏）

「良いことをするむなしさにくじけないでください。続けることです。5年、10年……。それが自分の思いを本物にして、道になってくれます」（日本を美しくする会　鍵山秀三郎氏）

そして、「これが最後の講演だ」と、その一瞬に全力を尽くすことを自分に言い聞かせました。

「いのちの授業」では、6歳までの「いのち」を精一杯輝かせた「小児がんの少女と家族の姿」をありのままに語ります。授業の最後に、「いのちのお願い」をします。

「生き抜く、支え合う、ありがとうを大切にしてください」

「もし、あなたに万一のことがあったら、家族や仲間がどれほど涙を流すか。特に、お父さんお母さんは血の涙を流す。だから、どんなことがあっても、絶対、お父さんお母さんより早く死んではいけない！」

「いのちの小さな輝きをバトンタッチしました。家庭やクラスに持ち帰って、少しでも大きな輝きにしてください」

この思いを、園児向け、小学生向け、中学生向け、一般向け、教育関係者向け、医療福祉向け、企業研修向けなどのプログラムにして、写真映像を使いながら語りました。

私にできること

実は、当時の私を知る人からよく言われることがあります。「『いのちの授業』を始めた頃、鈴木さんの顔は怖かった」と。思い当たることがあります。

秋の日、ある小学校で「いのちの授業」をしました。涙を流しながら聴き入る子どもたちの中に、まったく無表情の子どもが何人かいることに気づきました。その表情は、授業が終わるまで変わりませんでした。

授業後、校長先生にお話をしました。校長先生は、少し辛そうに「虐待の経験がある子どももいます。いろいろ取り組んでいるのですが」と言われました。初めて気づきました。子どものために親が涙を流す話は、遠い夢物語に過ぎなかったかもしれないと。私の心の中にはある気持ちがありました。

生きたくても生きられない子がいるんだ。
どうして、いのちを大切にしないのか！
一生懸命に生きるんだ！
話せば変えられる、変えなくてはならない。
思い上がりでした。みんないろいろな現実をそれぞれが背負っています。一回の授業だけで変えられるものではありません。その思い上がりが、私の顔や言葉に表出していたのでしょう。

では、私には何ができるだろうか。「小さなきっかけ」はつくれると思いました。私の姿を通じて、「いのち」をみつめてもらう。その中で、その人なりに「いのちの眼差し」を芽吹かせて、幸せになってほしいと願えばいい。

すると、すっかり肩の力が抜けて楽になり、話し方も優しくなりました。「私もこんな体験をしています」と、授業に参加された方々も自然に話してくれるようになったのです。

みんな「いのちのメッセージ」を持っている。ああ、「いのちのバトンタッチ」というのは、自分からだけ渡すものではなくて、お互いに託し、託されるものなんだと教えてもらいました。そのおかげで、いのちへの思いも深まり、「いのちの授業」も続けられたように思います。

いのちのメッセージ

「けいこちゃんと鈴木さんのきもちがよくわかりました。わたしはなきそうになってはをくいしばりました。お家にかえってお母さんにはなすと、お母さんがないていました」　（小学生）

「今、こうして生きていることは、とても幸せなんだと感じました。一日一日を一生懸命に生きます。親より絶対早く死んではいけないと思いました」　（中学生）

「子どもと一緒に泣きました。今、子どもに伝えなければならない一番大切なことがいのちだと気づきました。家族って本当に大切なんだと心に響きました」　（母親）

「生きることに鈍感になっている自分を、涙しながら感じました。いのちの授業が生

きる喜び・人を大切にする心を育み、必ず世の中を変えていくと思います」（父親）

いのちの授業　中学校にて

景子が託してくれたメッセージが、新しい「いのちのメッセージ」として、再び私に託されていると感じています。いのちを育むために、託し、託された「いのちのメッセージ」をこれから綴っていこうと思います。

第三章　いのちを育むために大切にしたい10のこと

あなたは、たくさんの「いのち」と出会います。

自分に問いかけてみてください。
もし自分ならどうするだろうか？
いのちって、何だろう？
いのちを育むために、何をしたらよいのだろうか？
幸せって、何だろう？

その思いの中で、「いのちの眼差し」が芽吹いてくれます。
「いのちの眼差し」を大切にして、
あなたなりに、「いのちを育むためにできること」を見つけてもらえませんか。
あなたと、あなたの大切な人が幸せになるために。

①子どもに誕生物語を語る

生まれてきてくれてありがとう、産んでくれてありがとう

愛されている　いのちの話をする

「自分の名前を、お父さんお母さんがどんな思いでつけてくれたか知っていますか」

私は、「いのちの授業」をするときにこの質問をします。そして、言葉をつなぎます。「名前をつけることを、命名、『命』の『名』と書きます。みんな、名前をもらって人になります。お父さんとお母さんが、どんな思いで名前をつけてくれたか、知るこ

とが家族のスタートです。忘れちゃった人は、今日、おうちに帰ってから聞いてください」

ある小学学生がメッセージを届けてくれました。

「お母さんに、なんで『さくら』ってつけたのと聞きました。お母さんは、桜の花が大好きで、かわいい子になってほしかったから、と言ってくれました。名前を大切にします。名前って、最初に親がくれた愛情なんですね」


ある秋の日、中学生とお母さんが「いのちの授業」に参加してくれました。中学生のメッセージです。

「お話を聴いている間、ずーっと涙が止まりませんでした。心に残ったことは『子どもを愛していない親なんていない』です。それまで、親とけんかばかりしていて、『自分は愛されていない』と感じていました。

さっき、私が生まれたときのことを母が話してくれました。

『あんた、生まれたとき仮死状態やってんよ。ひと言も泣かんでな。母さん、必死でおしりたたいてん。泣いて！　泣いて！　お願いやからって。あんたが泣いてくれたとき、ホンマ嬉しかったわ。やっとこの子の親になれたって』

それを聞いたとき、ちゃんと愛してくれていたとすごく嬉しかったです。涙が止まらなくて、心の中で何回も『産んでくれてありがとう』って思いました」

この二人は何を感じてくれたのでしょうか。

愛情―です。自分は愛されている、自分を愛してくれる人がいてくれることを実感してくれたのです。

心を育む階段を大切にする

いのちを大切にするとは、いのちを大切にする「心」を育むことです。

その心とは、「愛されている」「限りがある」「かけがえがない」「つながっている」

「生かされている」という実感だと思います。

子どもの心には成長の階段（発達課題）があります。いくつかのステップがあるのですが、中でも特に大切なのは二つの段です。

一つは、赤ちゃん・幼児のときです。愛着という言葉があります。お母さんやお父さんは、赤ちゃんを抱っこしたり、語りかけたり、見守ったりします。子どもは、そのことを通じて、愛されていることを体で実感してくれます。

もう一つは、思春期です。子どもは、人として大切なことや社会との関わりをみつめながら、「自分というもの」を形成していきます。同時にこの時期、子どもは反抗期を迎えます。親の愛情に対して、ふと不安や反発してしまうのも自然なことかもしれません。みんな、中学生や高校生のとき、つい親に反発していたのではないでしょうか。

また、親も愛情が揺らぐことがあります。子育ての中で、「なんでこんな子になってしまったのか」と私も何度か思ったことがありました。だからこそ、この時期に親の愛情を実感すると、子どもの心は確かなものになります。

では、どうしたら子どもに愛情を実感してもらえるでしょうか。

あの日の誕生物語を話す

私は今、「いのちの授業・親子塾」を開催しています。この中では、お父さんお母さんから、子どもに誕生物語を話してもらいます。妊娠が分かったとき、出産したとき、命名したとき、赤ちゃんのときに心配したことなど、その様子や思いを話すのです。子どもにとっては初めて知ることばかりです。

話すにつれ、お父さんお母さんの目は潤み、眼差しは慈愛に満ちていきます。子どもも、安らかな表情で「ありがとう」の思いを芽吹かせてくれます。

そして、子どもへの思い、お父さんお母さんへの思いを、それぞれありがとうカードに書いてもらいます。カードには、「生まれてきてくれて、ありがとう」「産んでくれて、ありがとう」の言葉がいっぱいです。感動の涙とともに。

私にも忘れられない「誕生物語」の思い出が二つあります。

私が小学生のとき、兄の同級生が肺炎で亡くなりました。

そのことを知ると、母はしばらく無言でした。そして、目を潤ませて私をみつめて言いました。「なかちゃん（＝私）も、生まれてすぐに肺炎で入院したんだよ。お医者さんが『今夜がやまです。覚悟だけはしておいてください』と言って。本当に心配した…」。母の姿に、胸が熱くなったことを子ども心にも覚えています。

景子を授かったときについても、はっきり覚えていることもあります。

初めての子どもの妊娠がわかったとき、私は「そうか、そうか」としか言葉が出ませんでした。淳子は、お腹をさすりながら「私、お母さんになったんだ」と涙を流しました。その涙に、母になるときを感じました。

そのことを、景子がお嫁に行くときに話そうと思っていました。「お母さんは、涙を流していのちをつなげてくれたんだよ。景子もいのちをつないでね」。しかし、もう話すことはできなくなりました。もっと早く景子に話してあげればよかったと、今も後悔しています。

子育ては、ともに育み合うものです。親も子どもも、笑って、泣いて、喧嘩して、悩みながら成長していきます。子育てができる「人生のとき」は限られています。子育ては、「人生の幸せのとき」だったと後から思うものかもしれません。

子どもの誕生日に、「あの日の誕生物語」を語ってあげてください。子どもにとっては、最高の誕生日プレゼントになってくれると思います。

愛された体験の薄い子には見守られている実感を

「クラスには、愛された体験の薄い子もいます。どうしたらよいでしょうか」

学校にうかがうと、先生などからよく聞かれることです。子どもが背負っている現実に、私も何度か胸が熱くなったことがあります。その子どもの事情などに、どこまで周りの人が関われるのか。現実にはハードルも限界もあります。どうしたらいいでしょうか。

ある母子生活支援施設の施設長さんの言葉が思い出されます。

「親の中には、どうしてそんなことをするのだろうという親もいます。でも、誰も『あるべき家庭の姿』なんて学んだことはありません。親自身も、子どものときにひどい目にあっていることが多いです。貧困、家庭内暴力、不登校、学校中退……。

親も子も、ほめられたこともない、季節の行事や誕生日も祝ってもらったことがない。そうした親子に少しでも良いところを見つけて『頑張ったね』とほめてあげる。季節の行事や誕生会をしてあげています。

DVから逃げてきた母親と子どもと2時間ほど面談しました。子どもが安心したように、『本当に助けてくれる人がいたんだね』と母親に言うのです。

誰からも愛情を与えられたことがない。そうした負の連鎖を断ち切って、次の世代にバトンタッチしないといけないんです。

10年の不幸の体験は、10年の幸せの体験でやっとバランスが取れます。自分を思ってくれている人が、ひとりでも世界にいてくれると感じてもらうことが大切です」

社会として、みんなで子どもを育み支えることが求められる時代になっています。

愛する人は愛される、支える人は支えてもらえます。まずは、今、自分ができる足元から始めてみたいと思います。

「大丈夫?」「頑張ったね」「大変だったね」「よかったね」と声をかける、話しを聴く、専門の窓口につないでみる…。とっても小さな愛情ですが、「自分を見守ってくれる人がいるんだ」。そう実感してもらうことを大切にと願います。

いのちのメッセージ

「おかあさんは、わたしがないたり、さみしくしていると、ぎゅっとだきしめてくれます。ともだちのまえでは、すこしはずかしいです。でも、わたしもおかあさんがだいすきです」

（小学生）

「小学校一年生のときに、お母さんを亡くしました。小さくてよく分からなかったけど、寂しかったことを覚えています。今日、お話を聴いて、みんなに感謝して生きなくては思いました。お母さんに、『産んでくれて、ありがとう』と伝えたいと思いました」
（中学生）

「子どもは難産で、片腕が曲がったままで生まれてきました。先生から『一生治らないかも』と言われました。子どもができた喜びが一瞬で悲しみに変わりました。幸せに恵まれてほしいと願い、恵子と名づけました。おかげさまで腕は治りました。今でも子どもの名前を見るたびに、生れてきてくれた幸せに感謝しています」（父親）

◆大切にしたい「いのちの眼差し」

愛情こそ、いのちを育む原点です。

子どもの心は、揺らぎながら成長していきます。愛されている実感は、ありのままの自分を肯定し、生きる力にもなってくれます。

母となって

生まれてきてくれて、ありがとう。産んでくれて、ありがとう。

その思いは大きな愛です。自分を愛してくれている人がいてくれる、自分は大きな愛で守られている。その実感を、子どもたちの心に届けてあげてください。

②人の生死に向き合う

人は、生まれて、生き、そして死んでいく

人は死んでも生き返る？　リアルな死を体験させる

「いのちの授業」をするとき、子どもが自然に「生死」と向き合うことができるようにいくつかの質問をします。

「人は死ぬとどうなりますか？

①生き返る　②生き返らない　③分からない、から選んでください」

これは小学生への質問の一つです。子どもがどのように答えると思いますか。答えがそれぞれ三分の一ずつになることもあります。

ある母親の感想です。

「少しショックでした。でも、やっぱりという感じもしました。ゲームと同じようにリセットすれば大丈夫と思っているのでしょうか。子どもの心は、どうなっているのだろうか、と心配になります」

私も、そんな当たり前のことをなぜ分からないのだろうか、しっかり教えなくてはいけないとずっと感じていました。しかし、ある小学生のメッセージを読んだときにハッとしました。

「私は『分からない』に手をあげました。なぜなら死んだことがないからです。みんな、死んだことがないのに、どうして分かるのですか」

死んだことがないから分からない。

とても素直な感想ではないでしょうか。あなたは、死んだことがありますか。死んだことがないのに、どうして死んだら生き返らないと断言できるのですか。それは、私たち大人は、人が死ぬことを見聞きしている、リアルな死という場を体験しているからです。リアルな死の体験のない子どもが、いのちの実感が薄いのは自然なことかもしれません。

「いのちの授業」では、「死んだ人に触れたことがありますか」との質問もします。あると答える子どもは、小学生は20％、中学生は30％くらいです。ある大学の医学部では、死体解剖をするときに初めて死体に触れた学生が、全体の40％でした。80％強の日本人は病院などで亡くなり、セレモニーホールなどで見送りを受けます。子どもたちが死んだ人に触れる機会はほとんどありません。

今、生活の中から、リアルな死を実感する場がどんどん失われています。

「お姉ちゃん、死んじゃった」から「ぼく、死ねない」

一方で、子どもに「人の死を体験させて、大丈夫だろうか」と思うのも自然なことです。特に、幼い子どもであればなおさらです。実は、私もそうでした。

景子を看取るときに、４歳の弟・康平にお姉ちゃんの死をどのように伝えるか、とても悩みました。景子が亡くなる数日前、お見舞いに来た康平が、帰るときに心配そうに言いました。

康平「お父さん、お姉ちゃん大丈夫かな？　いつも寝ているね。お姉ちゃん、いつお家に帰ってくる？」

私「もうじき帰るよ」

康平「そうか！　じゃあまた、お姉ちゃんとシャボン玉できるね。康ちゃん、お姉ちゃんにピンクのシャボン玉買っとくから！」

康平は本当に嬉しそうに帰っていきました。その後ろ姿を見たとき、心に決めました。景子自身が自分の運命を知らないわけですから、お姉ちゃんが旅立つことを幼い康平に伝えることはできません。しかし、家族として、最期はみんなで景子を見送ろう、と。

最期を迎える日の朝、医師から「心不全が発生しており、いつ心臓が停止してもおかしくありません」と言われました。景子は意識のない状態になっていましたが、楽しく天国にいけるように、と保育園の生活発表会や看護師さんの結婚式のビデオを病室に流していました。

突然、酸素モニターが下がり出しました。心臓マッサージなど、蘇生処置をしないことを医師にお願いしていましたので、みんなで景子の姿を見守りました。康平も何も話さずに、お姉ちゃんの顔をじっとみつめています。

景子の体が最後に大きくドキンと動くと、心臓モニターが止まりました。「ご臨終です」。医師の言葉とともに、みんなの泣き声が部屋中に響きました。

呆然と立ち尽くす康平に、「お姉ちゃん、天国に行ったからね」と伝えました。「うん」とうなずくと、康平は、「お姉ちゃん！　お姉ちゃん　！お姉ちゃん！」と叫んで、お姉ちゃんの足を掴み、大きな涙を流し続けました。

1か月ぐらいたったとき、康平は「お姉ちゃん死んじゃった」と言って、突然保育園で泣き出したのです。そのとき、先生が康平を抱きしめて、一緒に泣いてくれたそうです。

その後、康平がお姉ちゃんの死をどのように感じているかについて聞くことができませんでした。私自身が、どう応えたらいいか分からなかったからです。

康平が小学校一年生になったとき、テレビを見ていると、たまたま子どもが亡くなる場面がありました。康平がふと言いました。

「もし僕が死んだら、お母さんもお父さんも、お姉ちゃんのときよりもっと泣くよね。子どもがいなくなっちゃうから。僕、死ねないね」

その瞬間、「お姉ちゃん」と泣き叫んでいた康平の姿が目に浮かびました。わずか4歳で死別を体験してしまった康平に、言葉では表せない哀れさを感じました。でも、お姉ちゃんの死を通じて、大切なことを心に育んでくれていると思いました。

「いのちの真理」を教える

「僕は、死んだらどうなるのだろうか？」

私は小学校五年生のとき、突然、そう思いました。怖くて、怖くてしかたない。考えても、考えても分からない。もう忘れようとしたことを覚えています。

あなたは、いつ「死」を認識しましたか。

死の認識とは、死んだら「動かない」「生き返らない」「誰もが（＝自分も）死ぬ」ことを認識できるようになることです。子どもは年齢を重ねて認識できるようになっていきます。かぶと虫が死ぬと、「先生、動かして」という園児もいます。死ぬと「動かない」「生き返らない」ことをまず認識します。そして、10歳前後に「誰もが（自分も）死ぬ」と認識します。

「死ぬとどうなるのだろう」「怖い」と思うのは、いのちの実感であり、心の成長の証でもあるのです。今、小児がんの子どもたちは病名告知を普通に受ける時代になっています。

人は、生まれて、生きて、死んでいく――。

いのちの真理です。私たちは、真理を子どもに自然なこととして教えています。太陽は東から上り西に沈む。季節には春夏秋冬がある。咲いた花は散る、と。生まれる・

生きるだけを教えて、死をタブーとしていては、子どもは「いのちの真理」を学べないのではないでしょうか。

いのちを大切にしなさい、と言われます。なぜですか？

死んだら、いのちがなくなるからです。

今を大切にしなさい、と言われます。なぜですか？

いのちは、有限だからです。

自然なこととして、いのちの真理に向き合ってみませんか。

身近な人の死に向き合う

いのちの真理を実感する場として、子どもが「身近な人の死」と向き合うことを大切にしてほしいと思います。子どもたちは、身近な人の死に自分なりの意味を見いだしてくれます。

ある高校生をご紹介します。

五月晴れの日曜日。山あいの町で、青少年育成講演会として「いのちの授業」を開催しました。その後、保護者や生徒との交流会に参加しました。会場には、10人ぐらいが座るようなテーブル席がいくつも並んでいます。

指定された私の席の横には、高校生の少年が座っていました。着席するとき、少年は少しうつむきながら会釈をしてくれました。交流会が始まっても、少年はひと言も自分からは話さずに、他の人の話をじっと聴いています。話が少し途切れたとき、遠慮がちに私に語りかけてくれました。

少年「今日は、いいお話をありがとうございました。少し質問していいですか」

私「どうぞ」

少年「子どもを亡くして辛かったと思いますが、そのことを話せるなんてすごいなあと思います。どうして、そういうことができるのですか」

私「ぜんぜんすごくないよ。こうして話せるようになるには10年かかったんだよ。その間、何回も何回も涙を流してね。でも今は、子どものことを伝えることで、子どもの死を意味あることにできるような感じがするんだよね」
少年「家族って、本当に大切ですね。実は、中学のときに父を病気で亡くしました」
私「……辛かったね」
少年「亡くなる前、父は僕だけを呼んで、『お母さんや妹のことを頼んだぞ』と、僕の手を握って涙を流しました。その日から、僕は涙を絶対に流さないと決めました。今日も、涙を流しませんでした」
私「そうか……。でも、泣きたいときは泣いていいんだよ。お父さんが、天国からみんなのことを絶対に守ってくれているから」
少年「……はい、分かりました」
　涙を流さないと決めました、と語る澄み切った少年の瞳をみつめたとき、思わず胸が熱くなりました。そして、父親の死が、少年の根っことなる強さと思いを芽吹かせてくれたのだ、と確かに感じました。別れるとき、頑張れよ、と心の中で祈りました。
　少年の夢はいのちを育む学校の先生になることでした。今、教師として学校で生徒たちを導いています。

いのちのメッセージ

「先月、おばあちゃんが亡くなりました。おばあちゃんの安らかに眠る真っ白な顔を見たら、涙があふれてきました。おばあちゃんの体はなくなりました」　（小学生）

「祖母が亡くなったとき、ショックと悲しさで顔を見ることができませんでした。声をあげて泣く父の姿を初めて見ました。お見舞いに行ったとき、父やおばが、とても悲しそうな顔をしていることで、病気が治らないことがわかりました」　（中学生）

「義母をがんで亡くしました。『人間が死ぬ』ということを、あえて子どもたちに見せることにしました。精神的に受け止められるかどうか不安な面もありましたが、子どもは子どもなりに心の糧としている様です」　（母親）

◆大切にしたい「いのちの眼差し」

大切な人の死は、悲しくて辛く涙があふれます。だからこそ、尊いものを遺してくれます。

自然なこととして、子どもに大切な人が旅立つ姿を見せてあげてください。冷たくなった体に触れさせてあげてください。涙を流す遺された人の姿を見せてあげてください。そして、あなたの思いとともに、子どもに語りかけてもらえませんか。

人は必ず死ぬんだよ。遺された人はたくさん涙を流す。

いのちは自分だけのものではない。だから、いのちを大切にしようね。

大丈夫です。子どもは子どもなりに、いのちへの思いを深めてくれます。

③ひとりの人間は、尊い存在なんだ

厳しい現実　それでもいのちを思い、尊ぶ

いのちの尊厳を思う

「いのちの授業」を通じて、「いのちの尊厳」について何度も思いました。生まれる「いのち」、消える「いのち」、生きる「いのち」にその思いを教えてもらいました。

秋の日、Aさんのご自宅を訪問しました。お子さんとお会いするためです。

奥様は、妊娠中、子どもが遺伝性の病気であることを医師から告げられました。

「出産できる可能性は五分五分。一年以上の生存率は10%、重い障がいもあります」

「一人目は流産、二人目は病気。どうして…」

ご夫妻は涙も出なかったそうです。そして、ある思いを抱いて出産しました。

「やっと授かった子どもです。中絶手術は考えませんでした。障がいがあっても、ただ生まれてきてほしい」（Aさん）。

「一度も子どもを抱かずに死なせたくない。子どもを抱きしめたい」（奥様）

夏の日、女の子が生まれました。くちびるは裂け、心臓は右側でした。でも、自分で呼吸もできる、耳も聞こえる、泣くこともできました。

「おめでとうございます」と、看護師さんが声をかけてくれました。

「生きていていいんだ」と、Aさんは心の底から実感したそうです。

数年後、お子さんは天国に旅立ちました。

「あの子がいてくれる、それだけで幸せでした。たくさんの大切なことを教えてもら

いました。ありがとうの思いでいっぱいです」（Aさん）

遼（はるか）さんは、保育園のときに小児がんを発病しました。その後、治療が順調に進み小学校にも通学することができました。しかし、五年生の夏、再発して余命宣告を受けます。自宅療養が続く3月、お母さんは学校に相談しました。「娘が、最後に学校へ行きたいと言っています。学校で息を引き取ることもあるかもしれません。行かせてもよいでしょうか」。校長先生は「全力で応援します。待っていますよ」と伝えました。

先生たちは、登校に備えて駆けずり回って体制を整えました。同級生にどう話すか、倒れたときはどう対応するか、どこの病院へ運ぶか……。

桜満開の4月、六年生となった遼さんが登校しました。数日後、「先生、ベッドを貸して」と保健室に駆け込み、ベッドで「痛い、痛い」と苦しみます。お母さんは「大丈夫、大丈夫」と体をさすり続けます。養護の先生がお母さんに「辛いですね」と声をかけると、思いもよらぬ言葉が返ってきたのです。

「先生、何言っているんですか。遼が『お母さん』って私を頼ってくれる。娘が生きていてくれる。こんな幸せなことはありません」。先生は涙が止まらなかったそうです。

遼さんは、家では苦しそうでしたが、学校へはいつも笑顔で登校しました。ある日、同級生が教室の生け花をいつも通りに交換しようとしました。遼さんは「どうして捨てちゃうの。そのお花には『いのち』があるんだよ」と言いました。その生け花には、まだ枯れていない花もあったのです。

やがて、体力が徐々に落ちて、教室のある3階まで歩けなくなりました。同級生は、1階の図工室を教室にして迎えます。それが最後の登校となりました。

葬儀後、お母さんは「遼にとって学校は生きる希望でした」と話されました。遼さんは1か月、毎日登校しました。学校は、「1か月の皆勤賞」の賞状を遼さんに贈りました。

真依さんは、小学六年生のとき小児がんを発病しました。治療が続く中一の頃は、ほとんど学校に行けませんでした。でも、先生や友だちは、帽子をかぶり、マスクをして、ガリガリにやせた真依さんに普通に接してくれます。

学校で七夕の短冊をつくりました。真依さんは「世界中から病気がなくなりますように」と書きました。すると、友だちは「真依ちゃんの病気が早く治りますように」「真依ちゃんと遊べますように」と書いてくれました。

中二の秋。治療が終わり学校に行くと、教室に飾りつけがしてあります。「おめでとう」とクラスの友だちがパーティーをしてくれました。真依さんは、涙をこらえるのが必死でした。「私は、この世で一番幸せ者だ」と思いました。

真依さんは「私の夢」を手紙に書きました

「みなさんの優しさが、私の命を助けてくれたのだと思います。入院中、看護師さんがいつも優しくしてくれました。難病と闘う子どもたちの役に立つ看護師になるのが私の夢です」

真依さんは看護師となり、今、お母さんになっています。

みんな、本当に優しい。優しさは「人」を「憂う」と綴ります。その人を思いやり自分のできることを自然にしています。一人のいのちは、かけがえがない。「いてくれる」との思いがあふれています。

詩人の金子みすゞは、詩「私と小鳥と鈴と」の中で「みんなちがって、みんないい」と綴りました。

一人の人間は、尊い存在なんだー。

「優しさ」「いてくれる」「みんなちがっていい」。その思いを「いのちの尊厳」の根っこにしてほしいと願います。

「いのちの現実」に向き合う

ある日、人権教育として中学校で「いのちの授業」を開催しました。講演後、男子生徒が感想を話してくれました。

「いのちは尊い、かけがえがないと言います。でも、世の中では、戦争、殺人、虐待、差別があふれています。いのちは、本当に一番大切なのかなあ？　建前？　よく分からない気持ちです」

とても素直な気持ちです。中学生にもなれば「いのちの現実」を感じて（見透かして）います。子どもたちは、その現実の中を生きていきます。だからこそ、「いのちの現実」に向き合うことも大事な「いのちの授業」ではないでしょうか。そのスタートとして三つのことを大事にしたいと思います。

まず、子ども自身が「気持ちを表に出す」ことを大切にしてください。「いのちの現実」に向き合って、「おかしい」「信じられない」「どうして」「その気持ちがわかる」……。短い言葉であっても、心の中で葛藤があったはずです。言葉にすることが学びの第一歩になってくれます。

次に、「正しく知る」意味を伝えてください。

人間社会には、差別や偏見などがあります。「知らなければいけない現実」があるのです。差別や偏見の原因の多くは、無理解・誤解・風評などによるものです。現実を「正しく知る」ことが重要です。

もう一つは、「人間の心は揺れ動く」ことも話してあげてください。

イソップ物語の「アリとキリギリス」をご存じですか。アリは、夏の間、冬に備えて一生懸命に働いて食べ物を蓄えました。キリギリスは、そんなアリを笑って、歌を歌ってばかりいて働きませんでした。冬がきて、食べ物がなくなったキリギリスは、餓死寸前になり、アリに助けを求めます。もしあなたがアリだったら、キリギリスを助けますか？　今私は立派なことを言っていますが、絶対に助けるという自信はありません。

「いのちを大切にする」というのは、美しい言葉です。美しい言葉ほど「いのちの現実」の中で実現することは本当に難しいものです。

「いのちの現実」に向き合うとは、人間社会の矛盾、人間の弱さや強欲さを知ること。

そして、もし自分だったらどうするだろうか、と考えてみることに思います。

「死にたい」に思いを寄せる

今、危機的な「いのちの現実」があります。

自殺です。私は、今までに自殺があった学校や企業など30ケ所以上で「いのちの授業」をしています。中学や高校などではこんな質問もします。

「1年間で何人が自殺で亡くなっているでしょうか。1000人、5000人、1万人、2万人、3万人から選んでください」。約2万人と知ると、多くの子どもたちが驚きます。自殺は、決して遠くにある特別な出来事ではありません。死にたいと感じてしまう、言葉にするときは、誰にでもあるように思います。そのとき、周りの人は何をしたらよいのでしょうか。私は専門家ではありませんが感じていることを綴ります。

ある中学生の心の叫びを聞いてください。

「精神的にも肉体的にも辛いことがありました。学校での出来事で、とてもじゃないけど親には言えなくって、ひとり部屋で泣いていました。朝起きるのも怖い、夜寝るのも怖いで、最後に思ったのは『死にたい』でした。『なんでわたしは生きているのだろう』と毎日思いました。

もう耐えられなくなり、泣きながら先生にそのことを伝えました。それは母の耳に入り、母を泣かせてしまいました。母は泣きながら私を抱きしめてくれました。そのとき、久しぶりに『生きている』と思いました。死んでいるようだったので、すごく嬉しかったことを覚えています。今でも思い出すたびに吐き気がします。『死にたい』はすごく重い言葉です」

子どもの心の中は、絶望的な孤独感でいっぱいではないでしょうか。愛されていない、生きる価値がない、死んでも誰も涙を流してくれない。心の窓がすべて閉ざされ、暗闇の中にたった一人になってしまっているように感じます。

そんな子どもを前にして大切に、と思うことがあります。まず、ひとりぼっちではないことを体で実感してもらうことです。先ほどの中学生のお母さんがただ抱きしめたように。その次に、あなたのために涙を流す人がいる、あなたを支えてくれる人がいることを信じてもらう。そして、子どもが背負っている重荷を軽くする、時にはすべてやめる、環境を変えることも重要に思います。

先ほどの中学生は、なぜ「死にたい」を乗り越えられたのでしょうか。

「助けて！」と叫んだからです。いのちの大切さを伝えるとともに、「助けて！」と叫んでいいんだよ」と普段から子どもに伝え続けてください。「助けて」は逃げ道ではなく、「生きる道」です。

子どもの「助けて」に向き合うとき、親や周囲の大人の心の感度がとても重要です。子どもは、不安や悩みを抱え、追い込まれて、心の力を失っています。「頑張れ」とただ励ます、「自殺は悪いことだ」と道理を説くのは、「やっぱり分かってもらえなかった」と感じさせるだけにもなりかねません。

子どもと向き合うとき、チャイルド・ライフ・スペシャリストの佐々木美和さんの姿が思い浮かびます。小児病棟で1000人を超える子どもや家族に寄り添い続けています。

「何かを『してあげる』『教える』の一方通行ではなく、ただその子を思い『そこにいる』ことこそ大切なのです。子どもは、大人の気持ちを読んで装うこともあります。横に並び、言葉や表情の変化を感じ取りそのまま受け取る。子どもの表現できない気持ちや不安をみんなで共有していきます。

子どもは、そのままでかけがえのない大事な存在です。子ども自身も、『自分は大事な存在』『大丈夫』と感じられることが大切です。『あなたの存在は素晴らしい』と関わり続けたいと思います」

周りの人も一人で背負わなくていいのです。カウンセラーなどの専門職、いのちの電話などの相談窓口もあります。みんなで「かけがえのない」いのちを守りたいと願います。

いのちの目線を大切にする

「いのちの現実」の中で困難を抱える人がいます。私たちは、どんな思いを持ったらよいのでしょうか。

三つのことを、「いのちの目線」として大切に、と思います。

「困難の原因は、個人と周りの環境の両面からみつめる」

先ほどのキリギリスは、「働かなかった」のではなく、本当は「働けなかった」のかもしれません。病気があった、看病や介護する家族がいた、差別されていた、などの理由で。「しなかった」のではなく「できなかった」としたら、感じることや見えるものが変わるのではないでしょうか。

困った人がいるとき、私たちはその原因を個人のせいにしてしまいがちです。その方が、自分は何もしなくてもいい、楽だからです。一人の環境を良くすることは、みんなの環境も良くすることになります。

「自己責任よりも社会連帯を大切にする」

自分のことは自分でする、大切なことです。しかし、どんなに頑張っても一人で生きられないときがあります。あなたは自分だけの力で生きてきましたか。自分の力だけで生きていけますか。自分しか頼れない社会で、あなたの子どもは幸せになれるでしょうか。

「明日は我が身との感性を育む」

困っている人がいると、私たちは二つのことを思います。一つは「明日は我が身」。もう一つは「あんな姿になったら終わりだ、なりたくない」。私たちの心には、仏様と鬼が49対49いて、それぞれの目線で世界を観ています。残りの2をどちらにするか、どの目線で観るかによって、行動は決まります。だからこそ、「いのちの目線」を大切にしてほしいのです。

では、子どもたちが「いのちの目線」を育むためにはどうしたらよいでしょうか。「自分の普通と違う普通」を「知る、体験する」ことを重ねてみてください。たとえば、車いす体験。車いすに乗って街に出ると世界は一変します。視界は狭くなる、会う人は自分を見下ろす、道にある10センチの段差で進めない、ダンプが通るといのちの危険を感じます。でも、後ろでサポートしてくれる人がいると安心して進めます。

世界の姿を知る。今、世界で数億人の子どもたちが飢餓に苦しんでいます。一方で、日本では膨大な量の食品が捨てられています。その現実を知ると、「もったいない」の言葉はもっと深いものになります。

ゴミ拾い。タバコのポイ捨てをする人は、落ちているゴミを絶対拾いません。落ちているゴミを拾う人は、絶対ポイ捨てをしません。自分の手を汚してきれいにした人は汚さないのです。環境に優しいは小さな行動から始まります。

献血の呼びかけ。街頭で初めて呼びかけをするときは声が出ません。でも、一度声が出ると、次は大きな声が出せるようになります。そして、困っている人がいると声もかけられるようになってくれます。

いのちを育むとき、私たち大人はつい急いで答えを求めてしまいます。

「いのちはかけがえがない、分かりましたか」と聞けば、子どもたちは「分かりました」と答えてくれます。それは答えです。頭で「覚えた」ものです。いのちの体験を重ねて感じたものこそ、心で「掴んだ」ものになってくれます。

いのちのメッセージ

「息子は脳性小児まひで歩行が難しくなりました。『野球がしたいけどダメだな』と言うと、『一緒にやろう、お前が打ったら俺が走る』『一塁ならボールが取れる』と友達が言ってくれました。みんなの優しさのおかげで、小学校も中学校も野球を続けられました」

（母親）

「自殺は親不孝だと思いますが、自殺が多いのは、誰も信じられず、世界のすべてに絶望しているからだと思います」

（中学生）

◆大切にしたい「いのちの眼差し」

子どもたちは、現実の人間社会を生きていきます。「いのちの現実」に、何度も何度も直面します。涙することも、心折れるときもあるでしょう。

だからこそ、ひとりの人間は「尊い存在」なんだ。自分は「大事な存在」なんだ。その思いをいのちの体験や思いを重ねる中で心に感じさせてもらえませんか。

「死にたい——」。そう思うときは「助けて!」と叫んでいい。

その言葉と思いを、子どもたちの心に届け続けてください。かけがえのない「いのち」を守るために……。

④みんな、つながっているから

いのちへの思いが家族の絆になる

先生の涙

山間部の小さな小学校にうかがいました。一学年一クラス、一年生の教室には20名程の子どもたちが座っています。

私　「今から、みんなと同じ一年生の女の子が、天国に行くお話をします」

子ども「・・・」（少し驚いた表情で私をみつめます）

男の子　「でも天国は楽しいことがいっぱいあるし、ラッキーだよね」
私　「天国に行くって、死んじゃうことなんだよ。悲しくない？」
男の子　「別に」
私　「もしお父さん、お母さんが死んじゃったらどう思う？
　もう会えないし、お話もできないんだよ」
男の子　「……」（突然、目に涙が）
私　「悲しいよね。でも大切なことがたくさんあるから一緒に聴いてね」
男の子　「うん」

子どもは純情だなあと思いながら、話を始めました。景子のことを話し出すとすぐに、教室の後ろにいた担任の先生の目から涙があふれ出しました。立ったまま、手で口を強く押さえて、ずっと泣いているのです。

授業が終わって、先生が挨拶をするときになりました。しかし、先生は涙が止まらずに、ひと言も話ができません。男の子が言いました。「先生、泣いてちゃダメだぞ。

あいさつはしっかりと、いつも言っているぞ」

先生は、小さな声でやっと話してくれました。「今日、鈴木さんは、とっても辛いことを優しいお顔で話してくれました。みんなで、ありがとうございましたと言いましょう。ありがとうございました」。そして、校門まで見送りに来られ、車が見えなくなるまでずっと手を振ってくれました。

2週間後、子どもたちからクラス写真と感想文が届きました。不思議なことに、お母さんのことがたくさんの感想文に書かれています。ある感想文を目にしたとき、私は息が止まりました。

「すずきさんの子どもと先生の子どもはおなじとしだったそうです。先生の子どももしょうにがんになったそうです。ひとりであるけなくなったけれども、しんでいないそうです。ほんとうにいのちはたいせつですね。わたしも、びょうきにならないようにがんばります」

先生の涙は、お母さんの涙だったのです。先生は、私を見送った後、自分の体験と思いを、自分の言葉で子どもたちに語ったのでしょう。子どもたちは、その姿に「お母さん」と「いのち」を感じたのです。

私たちは、どこで「いのち」を思い感じるのでしょうか。そのほとんどは、人と人とのつながり、特に家族とのつながりを通じて、いのちを実感するように思います。

「いのちのつながり」について考えてみます。

いのちは一つではない　縦のつながり

私は、幼稚園児の頃、明治生まれの祖母に連れられてよくお墓参りにいきました。祖母はお墓の前で私に言いました。

「このお墓の中に、おばあちゃんの子どもが3人いるんだよ。みんな、いい子でね。病気で本当にかわいそうなことをした。でも、お墓の中で、みんなを守ってくれているんだよ。おばあちゃんも、もうすぐお墓に入るけど、みんなのことを守るから、お墓を大事にしてね」

子どものことを話すとき、祖母はいつも涙を流しました。「おばあちゃんは、子どものことをいつまでも覚えているんだ」と不思議に感じました。そして、「おばあちゃんのお墓、大切にしなくちゃ」と、目の前にある石のかたまりをとても大切なものに感じました。私が感じたものは、いのちと家族のつながりでした。

あなたのいのちは、いくつありますか？「いのちの授業」ではこの質問をします。そして、続けます。

「いのちは、一つではありません。お父さん、お母さん、おじいちゃん、おばあちゃん……。２人、４人、８人、16人、32人、64人、１２８人、２５６人、５１２人、１０２４人……。みんなが、涙を流しながら一生懸命にいのちをつないでくれたのです。だから、今、あなたがいるのです」

いのちは一つ、自分だけのもの。いのちはつながっている、自分だけのものではない。どちらを感じているかによって、生き方は変わります。

子どもに、家族みんなの赤ちゃんだった頃からの写真を見せてあげてください。「かわいい」「こんな時もあったんだ」「これは誰？」。子どもにとっては、特にお父さんお母さんの子ども時代の写真は、世紀の大発見です。写真の中には、天国に旅立った人もいるかもしれません。そして、子どもに話してください。

「いのちは、みんながつなげてくれたもの。だから、今君がいるんだ。君がいてくれるから、未来もつながっていくんだよ」

子どもは、きっと気づいてくれるでしょう。

いのちは、過去、現在、未来へ――と「縦につながっている」と。

一人では生きられない　横のつながり

景子が入院した12月、「輸血が確保できないので治療を延期するかもしれません」と医師に告げられました。私は、支えてもらっている自分に初めて気づきました。

結局、その年末の治療は、私が献血者を確保することで進めることになりました。

年末年始の約10日間について、日別に病院に来院して献血できる人を最低10名は確保しなければなりません。私は職場の上司に相談しました。「みんな、仲間じゃないか」と職場で声をかけてくれました。献血のためには事前検査が必要です。仕事が終わってから、片道2時間かけて大学病院に駆けつけてくれました。帰宅は深夜になったでしょう。本当に申し訳ない気持ちでした。

お正月、献血が必要になり私の部下が来てくれました。献血のために、帰省をせずに会社の寮にいてくれました。献血が終わり、帰るとき彼が笑顔で言ってくれます。「困ったときはお互い様です。僕にできることがあれば何でも言ってください」

私は、ほめることよりも叱ることが多い鬼上司でした。部下の前で涙を流したことなど、もちろんありません。でも、そのときは涙があふれました。たくさんの人に支えてもらっている。普通の生活に戻れたら恩返しをしなければ、と強く感じました。

支えられている実感は、いのちの「横のつながり」すなわち、人や社会との「関係性の中で存在する自分」を自覚させてくれます。

ある小学校では、「いのちのつながり授業」をしています。

先生は、学校行事があるたびに、子どもたちに問いかけます。お弁当の日には、「どうしてお弁当を食べられるの？　誰が何をしてくれたの？」。健康診断では、「もし病気になったら、誰がどうやって支えてくれるの？」。修学旅行では、「ホテルの人やバスの運転手さんは、何をしてくれた？」

子どもたちは、その人、あの人を思い浮かべて何をしてくれたかを話し合います。最後に、先生は伝えます。「みんなは、たくさんの人につながっている、支えられているんだよ。その人たちに『ありがとう』を言おうね」

支えられている自分、一人では生きられない――そのことを、身近な「つながり」を通して一つ一つ実感させてあげてください。

ただ寄り添う

いのちの「縦のつながり」と「横のつながり」が交差する大原点が家族です。

家族は本当に不思議です。ひとつ屋根の下で、みんなが助け合い、喧嘩して、笑い、涙しながら人生を営んでいます。

家族は危機を乗り越えて成長していきます。家族の一人ひとりが経る生老病死を共にするからです。自分の子どもが成長するということは、自分の死ぬ時期が近づいているのです。自分が成長するということは、自分の親の死ぬ時期が近づいているのです。そんな家族にとって大切なことは何でしょうか。

私の母は、83歳で旅立ちました。「要介護5」の認知症で、オムツをして暮らし、意識も定かではありませんでした。ある日、母は私が息子だと気づくと言いました。「ごはん、食べたか?」。母は戦前生まれで、戦争中は軍需工場で働きました。ひもじい思いをさせてはいけないと思いながら子どもを育てたのでしょう。

そんな母のタンスを整理していると、私の母子手帳が出てきました。手帳と一緒に小さなアクセサリーもありました。私が小学生のとき、母の日にプレゼントしたものです。子どものおこづかいで買ったものですから、そんなたいしたものではありません。けれど、母はずっと宝ものにしていたのです。

私にも大切な宝ものがあります。景子が亡くなる2か月ぐらい前に、病院のベッドで書いてくれた手紙です。「おとうさん、いつもありがとう♡　おとうさんだいすき」。私と自分の顔も描いてあります。女の子ですね。もう髪の毛は一本もないのに、自分を描くときは、髪の毛を三つ編みにして笑顔の自分を描いていました。私は、この手紙を景子の母子手帳に入れていました。母と私はまったく同じことをしていたのです。

私は、ベッドに横たわる2人のオムツを替えました。ひとりは景子。本当に辛かったです。もう一人は母です。普段は兄夫婦が献身的に世話をしてくれましたが、時に私も手伝いました。ふと哀れさを感じたこともあります。

自分は何をしたのだろうか？　一生懸命やりましたが、景子のいのちは救えませんでした。どんなに心配をしても、母は良くはなりません。私がしたことは、「寄り添う」ことだったように思います。

寄り添う―とはどういうことでしょうか。

人の思いは目に見えるものではありません。その人が心のすべてを言葉にしているということもありません。本当はこうしてほしいのに我慢して言えないかもしれません。でも、無理に気持ちを聞き出そうとする必要もありません。その人の心を汲み、その人を支えようとする。そんな気持ちが寄り添うことのように思います。

4000人を看取った、ホスピス医の末永和之先生の言葉が思い出されます。

「患者さんを看取るとき、その人の横にいてただ『こだま』するだけです。患者さんが『怖い』と言えば、『怖いですね』。『〇〇がほしい』と言えば、『〇〇がほしいね』。それだけで心は安らかになります」

人生には、どんなに頑張ってもできないこと、ダメなことが必ずあります。しかし、そのことに絶望するのではありません。そのとき、自分しかいない孤独感に絶望するのではないでしょうか。

もし、あなたの大切な人が涙するとき、横に座って寄り添ってあげてください。そして、あなたも忘れないでください。寄り添ってくれる家族がいてくれる、ひとりぼっちではないことを。

いのちのメッセージ

「いのちのバトンタッチの言葉を聞いて、自分の命は、自分のためにあるだけではなくて、未来に生きていく人たちのためにもあるんだなあと思いました。そのためにも生きていくことが大切なことなんだと思いました」

（小学生）

「小児がんの闘病中、たくさんの人の輸血、いのちをもらいました。その人たちに、『私は、ちゃんと元気でいます』と言えること。それを、私の『いのちの宿題』にしています」

（女性）

◆大切にしたい「いのちの眼差し」

今、孤独な社会と言われます。

一人でいるから孤独になるのではありません。人との関わりの中で、つながっている実感を喪失して、孤立していくように思います。つながりを実感できないとき、特に若者は「自分は何者なのか？」という疑問にぶつかり、自己喪失にも陥ってしまいます。

みんな、つながって生きている。みんな、つながって生きていく。

ひとりでは、生きられない。

子どもたちに、つながっている「自分のいのち」を教えてあげてください。

その思いは、人と人、家族の絆となってくれます。

景子からの手紙

⑤大いなるものに手を合わせる

みんな生かされている

祈る

いのちの学びを深め、生死や人間としての深い在り方をみつめると、「大いなるものとの対話」や「祈る」ことへの思いが広がっていきます。

「景子ちゃんの病気、どうか治りますように」

私は、そう願って心から手を合わせていました。景子が入院する前夜のことです。景子の寝顔を見守りながら、「これからどうなるのだろうか」と不安ばかりが押し寄せる中で……。

2か月後、景子は2回の抗がん剤治療を終えて、ついに手術を迎えました。その前夜、私は床に入ってもまったく寝つけませんでした。深夜、近所の神社に一人出かけて手を合わせました。

「私のいのちはささげます。どうか、景子ちゃんの病気を治してください。いのちを救ってください」

その夜、淳子も病室で手を合わせていました。

「お母さん、これを景子ちゃんのベッドに置いてください」と、看護師さんがお守りを渡してくれました。そのお守りを持った子どもは、みんな無事に手術室から戻って来たそうです。近代科学が集積する大学病院で、数知れぬ人がお守に手を合わせていたのです。そして、景子も戻ってきてくれました。

闘病中、家族全員で初詣に行きました。小さな手を合わせて、景子が神様にお願いすることはいつも同じでした。「早く、病気が治りますように」。それを聞くと、私は思いました。「来年、一緒にこられるかなあ」。そして、病気の進行とともに私の祈りは変わりました。「どうか、安らかに天国に旅立てますように」と。

景子の一周忌を前に、新しい仏壇とお墓を整えました。当時、「病気を見つけられなかった、治せなかった」と自責の念でいっぱいでした。しかし、手を合わすと心が癒やされる、救われる。そんな気持ちになりました。

淳子は、仏壇に初めてのお参りをするとき、康平に言いました。

「この中に、お姉ちゃんがいるんだよ。康ちゃんのことを守ってくれているから、みんなでお参りしようね」。五歳になった康平は、首をかしげて不思議そうな表情です。

「お姉ちゃんがいるの？　うん、分かった。おれのことを守ってください」。そう言って、小さな手を合わせました。

生きる中で、悲しくて、辛くて、不安で涙を流すときもあります。祈ること、手を合わすことで心が癒やされ救われるように思われます。

寿命は誰が決めるのか？

景子の二十三回忌を終えた年、私は、四国八十八箇所霊場巡り（お遍路）に出ました。１２００キロ、八十八箇所の札所（お寺）を歩いて巡るものです。お遍路さんの白衣、笠、金剛杖には「同行二人」と書かれています。いつも弘法大師様と一緒に巡礼している（守られている、導かれている）との意味です。

一番札所の参拝から、私の祈りは同じでした。「鈴木景子を安らかにお導きください。ご縁ある方を安らかにお導きください。ありがとうございます」

お遍路歩きは、大雨に打たれたり、強風にあおられたり、お天道様の温もりにも「ありがたいなあ」としみじみ感じます。分離歩道のない国道のトンネルでは、ダンプカーの強風と振動で何度も吹き飛ばされそうにもなります。足の爪が割れる、疲労困ぱい、遍路ころがしと言われる難路では息も絶え絶えです。

最後の八十八番札所まで数キロメートルでのことです。「もう少しだ」と思った瞬間、浮き石に足をとられて大転倒。腰を強く打って、手の傷からは出血、15分ほど動けませんでした。やっと歩き出すと不思議なことが起こりました。コンと杖を突くたびに、「ありがとうございます」の言葉が自然にわき出てくるのです。八十八番札所では、万感の思いで「ありがとうございます」と手を合わせていました。

この結願の前に、私のお遍路歩きを知った仲間（香川県在住）が、根来寺道の山中（坂出市・十九丁）に「景子ちゃんの接待所」を設けてお接待をしてくれました。その後、いのちを大切にしてほしい、病気や障がいの子どもたちへの支援、結願を願う石碑を設置。ジュースや飴などのお接待を、今も手弁当で運営してくれています。

接待所の自由ノートには、日本語だけではなく、英語をはじめ外国語で、お遍路さんたちの「いのちのメッセージ」がたくさん綴られています。

「難路で心折れそうになり下ばかりを向いていました。一人じゃない！　心に元気をもらいました」「旅立った息子を思い雨の中を歩いています。お接待が息子からの贈りものに思えます。合掌」「人生に行き詰まり、お遍路をしています。景子ちゃんのことを知り、生きている、生きることの大切さ心に刻みました」「こんな山中で人の優しさと出会いました。苦の連続の中にも幸あり、人生即遍路を感じています」「外国人実習生と来ました。驚きと感謝感動の涙です。みんなで手を合わせました」
祈りの場は、心を癒やし導き、人と人との心をつないでくれるように思います。

私は何度も何度も問いかけたことがあります。
景子は6歳で旅立った。
祖母は99歳まで生きた。
寿命は誰が決めるのだろうか？

今、自然に受け入れていることがあります。
いのちは、人間の力が及ばないもの。
いのちは、大いなるものに「生かされている—」

私たちは必ず死にます。でも、今生きている。

それを「生かされている」と感じるとき、普通に暮らすことへの感謝、どう生きるかの思いが深まっていきます。自分だけで生きているのであれば、祈ることはしません。自分を導いてくれる大いなるものがいてくれる。「生かされている自分」を感じる心根が誰にでもあるのではないでしょうか。

作家・司馬遼太郎氏が小学校用教科書のために書き下ろした「二十一世紀に生きる君たちへ」からの抜粋です。

「人間こそ、いちばんえらい存在だ。という、思いあがった考えが頭をもたげた。――人間は、大きな存在によって生かされている。――この自然へのすなおな態度こそ、二十一世紀への希望であり、君たちへの期待である。――そうなれば、――自然の一部である人間どうしについても、尊敬し合うようになるのにちがいない」

生かされている自分を実感するために、祈る、手を合わす大切さを思います。

手を合わせる営み

今、手を合わせる営みが、私たちの生活の中でどんどん失われています。

ある小学校では、給食のとき、「いただきます」「ごちそうさま」をすることを止めました。保護者から「給食代を払っているのに、どうしてお礼を言わなければいけないのか」「手を合わせることは宗教行事だから、学校でやるべきではない」と言われたからです。

なぜ手をあわせて「いただきます」「ごちそうさま」をするのでしょうか。魚、肉、野菜にはすべていのちがあります。どんな食事にも、その食材を育ててくれた人、食事をつくってくれた人がいます。いただく「いのち」と、そうした人たちに感謝を込めて手を合わせるのです。

別の小学校での出来事です。学校では、子どもがいのちを大切にする心を育ててほしいと願い、子どもたちが世話をしてウサギを飼っていました。ある日、ウサギが死んでしまいました。若い担任の先生が、子どもたちに死んだウサギをどうするかを説明しています。たまたま校長先生がその様子を見ていました。

若い担任の先生は言いました。「死んだウサギは腐るから、しっかりビニール袋に詰めて生ごみの中に入れなさい。バイ菌がついているかもしれないから、捨てたら手をしっかり洗いなさい」

校長先生は、あわてて若い担任の先生を呼び寄せて尋ねました。「どうして、いのちの大切さや手を合わせて天国にいってくださいと教えないんだ」。担任の先生は、けげんな表情で言いました。「手を合わせる？　そんな宗教を学校で教えていいのですか」。校長先生は一瞬言葉が出なかったそうです。

手を合わせることとは、一人ひとりの心のことです。こうしなければいけないと押しつけることではありません。しかし、食事のときに手を合わせることが、感謝の心を育んでくれる。ウサギが死んだときに手を合わせることで、優しい心になれるのではないでしょうか。

生活の中には、たくさんの手を合わす営みがあります。初詣、七五三、祈願、地鎮祭、お墓参り、お葬式、仏壇へのお供え、黙とう、お祭り……。特別に構える必要はありません。自然体でその営みを大切に、と願います。

いのちのメッセージ

「祖母は、病気で亡くなる直前まで変わらぬ優しさを見せてくれました。どうして優しくできるのか不思議でした。私なりに見つけた答えが、『生かされていることへの感謝』ではないかと思いました。祖母からの贈りものに思われます」

（大学生）

「運動会のとき、学校の入り口で猫が車にひかれて死んでしまいました。死骸を大切に扱って、飼い主を探すことにしました。飼い主の方がみえて、涙を流しながら手を合わせて、ありがとうございますと言われました。大人も子どもも涙を流していまし

た。手を合わせることで、何か心を響かせるものがあるように感じました」（父親）

◆大切にしたい「いのちの眼差し」

祈る、手を合わすことは、人間だけがする行為です。

私たちは、涙するとき、救いを求めるとき、大切な人を思うとき、大いなるものに自然に手を合わせてお祈りをしています。それは人間の心根ではないでしょうか。その心根がなければ、コンピューターになってしまいます。

手を合わす営みは、生かされている「いのち」への思いを導いてくれます。子どもとともに、手を合わせてもらえませんか。その思いを子どもに話してあげてください。ＡＩ時代にこそ、「生かされている」と感じられる人間になってほしいと願います。

⑥いのちのバトンを胸に生きる

体のいのちと心のいのち

今も、いっしょなんだ

中学三年生のキョウヘイ君は、小学校四年生のときに、お母さんを病気で亡くしました。

死別して半年後、お父さんに手紙を書きました。お母さんのことはまったく触れていませんでした。書かなかったキョウヘイ君の気持ちを思い、お父さんは涙が止まらなかったそうです。その後、二人はお母さんのことを話さないようにしてきました。

お父さんは、キョウヘイ君と一緒に学校で「いのちの授業」を聴きました。そして、「お母さんのことを、ちゃんと子どもに話そう」と決めました。

その日、お父さんは、お母さんの闘病中の資料をキョウヘイ君に初めて見せました。キョウヘイ君の勉強部屋で二人だけです。資料には、お母さんが書いていた日記もありました。キョウヘイ君はじっとみつめて、宝ものに触れるようにそっと日記をめくりました。

「今日から入院。なかなか治らない病気なのよ。家族のみんなは大丈夫だろうか」

「キョウヘイもお父さんも来てくれた。家族がいっしょにいる。当たり前のことこそ、幸せなんだと思う」

そして、「キョウヘイが、ちゃんと自分の足で歩ける人になってほしい。みんなが幸せになってほしい。お母さんはもう…。だから天……」

それが最後の日記でした。お父さんは目を潤ませて言いました。

「『天』で終わっている。『天国でみんなのことを守るから』と書きたかったと思う。

キョウヘイはどう思う？」

キョウヘイ君も目を潤ませて言いました。

「そう思う。弱っていくお母さんを見るのが辛かった。ずっとさみしかった」

キョウヘイ君は、「いのち授業」の感想文を綴りました。

「人は必ず死ぬ。目に見える形ではいなくなってしまう。でも、その人は、心の中で生き続けている。いつまでも、その人のことを思い続ければ、天国できっと喜んでいる。僕はそう思いたいです」


ある小学校にうかがいました。

数年前、凶悪事件で児童が亡くなりました。校長室には、笑顔の遺影が置かれていました。校長先生は、事件後、子どもたちに語り続けたそうです。

「○○さんは、天国から見守ってくれているよ。みんな、仲良くしようね」

講演前、私も遺影に手を合わせました。そして、子どもたちに話しました。

「大切な人は、みんなの心に中にいてくれるよ。今も、いっしょなんだよ」。子どもたちも家族も、目を潤ませて自然に受け入れてくれました。

今も、いっしょなんだ。その一念は生きる灯となってくれます。

景子ちゃんに会えました

春の日、国立大学の医学部で「いのちの授業」をしました。テーマは「いのちと医療」です。2週間後、学生の感想文が届きました。

「景子ちゃんの話は、私が小学五年生のときに学校で聞いた話でした。当時、この話を聞いて周りにいた友達が皆泣いていたのが非常に印象的でした。おぼろげで断片的な小学生時代の記憶の中で、景子ちゃんのことは鮮明に覚えています。女の子の写真を見たときに、『あ、あの子だ』。本当に再会したように細かいエピソードまで思い起こされました。

小学生のとき、『この話を、ただの悲しい感動エピソードで終わらせてはいけない。

景子ちゃんを、若くして命をまっとうしたかわいそうな女の子にするべきじゃない』
そう思ったことが、私がこうして医師を目指し大学で学んでいるきっかけです。景子ちゃんは、ずっと心の中にいてくれました。
10年の時を経て、私より少し小さい子だった景子ちゃんは、ずっと小さい子になりました。でも、医師として、いのちを支え守るとの思いを新たにさせてくれました。景子ちゃんは、2度も私の『心の先生』になってくれています」

「いのちの授業」である質問をします。

景子ちゃんに会えた気がする人は、手をあげてください。

子どもも、大人も人が手を挙げてくれます。そして、次のように続けます。

「私たちは、大切な人を必ず亡くします。でも、その人に会えたような気がすることがあります。なぜでしょうか。

いのちには、「体のいのち」と「心のいのち」がある―からです。

体のいのちはいつか終わります。しかし、心のいのちは思いとなって永遠につながっていくのです。いのちを大切にするとは、体のいのちは健康を保つこと。心のいのちは、強い思いを抱き行動することです」

いのちのバトン

「景子ちゃんのお父さんですか？」

それは、20年の時を超えた、まさに「いのちの再会」でした。

子どものいのちを救いたい！　伊藤敦子さんは、大きな希望を抱いて大学病院の小児科で看護師として歩み出しました。しかし、大学病院の小児病棟の現実は、新人看護師にはただ過酷でした。

まず、自分の未熟さを毎日思い知らされました。分からないことばかりで、付き添いのお母さんに教えられたことも。分かっていても、やりきる技術もない。付き添いの家族はギリギリの精神状態で、家族へのケアも求められました。

さらに小児病棟では、たくさんの子どもたちが旅立っていきました。病状が急変したときには、「何かしなければ」と、医師も看護師も必死でした。でも、どんなに願ってもダメでした、どうしようもありませんでした。

重圧、自己嫌悪、無力感。「もうダメかも……」。楽になれるような気がして、退職願を書いてみました。それをバッグに入れて出勤を続けました。

ある日、検温のために少女の病室に入ると声をかけられました。

「伊藤さんへお守り。どうぞ」。闘病中の景子でした。折り紙でつくった小さなお守りの中には、笑顔の伊藤さんの似顔絵が描かれていました。

「最近、こわい顔しているときがあるよ。優しい看護師さんになれるように」景子は言いました。

「自分の心を見透かされているのでは……。病気と闘っている景子ちゃんに心配されるようではダメだ」と心の中で思いました。そして、景子の優しさに涙が出そうに。でも涙をこらえて応えました。

「ありがとう、大事にするからね。看護師さん、頑張ります！」伊藤さんはそう約束しました。

迷っていた心が定まりました。「自分ことばかりを考えていた。たった一つでいい、自分ができることをすれば」。バッグの中の退職願を捨てました。そして、「景子ちゃんのお守り」を制服のポケットに入れました。それは看護師となった瞬間でした。

その後、伊藤さんは病棟で涙を流すことはありませんでした。ただ、子ども旅立った日は、病棟を出て寮に帰る道ではいつも涙がこぼれたそうです。

今、伊藤さんは、地元に戻り在宅訪問看護師として働いています。

ある日、「伊藤さんに会えてよかった」と患者さんが言ってくれました。看護師になって幸せだと感じるとともに、お守りをくれた景子のことを思い出しました。「景子ちゃん、ありがとう。看護師を辞めていたら、患者さんからそんな言葉をもらうこともなかったよね」

「景子ちゃんのお守り」は、今も制服の名札に入っています。

伊藤さんは、偶然見ていたテレビニュースで「いのちの授業」のことを知ってメールをくれたのでした。1か月後、私は伊藤さんとお会いしました。景子のお守りを見せてくれました。そして、本当に優しい笑顔で、目を潤ませて言われました。

「景子ちゃんに会えたから、今の私があります。

ありがとうの思いでいっぱいです。

景子ちゃんは、今も鮮やかに私の中にいます」

伊藤さんの心の中には、「いのちのバトン」―がずっと輝き続けているのです。私も目頭が熱くなりました。

いのちのメッセージ

「景子ちゃんが話してくれているように感じました。『どんなつらいことでも、いじめでも、あきらめないで！　私もみんなを見守っているからね』と言ってくれました。景子ちゃんの姿が目に浮かんで、涙がでてきました」

（中学生）

「鈴木さんの後ろに、景子ちゃんがいるのが見えました。景子ちゃんの声が、聞こえてきました。お父さん、ありがとうと景子ちゃんが言っていましたよ」（母親）

「大震災で自宅が倒壊して、たくさんの人が亡くなりました。みんなで、涙して支え合って街は復興しました。今でも、その場所に行くとみんなの声が聞こえてくるように感じます。その思いを大切にしなければいけないと思います」（父親）

◆大切にしたい「いのちの眼差し」

大切な人は、心の中で生きています。

「いのち」に向き合うとき、心に刻まれる強い思いが芽吹きます。それが、「いのちのバトン」です。人生を拓く、生きる力にもなってくれます。

みんな、託された「いのちのバトン」を持っています。

「いのちのバトン」を胸に生きてください。子どもたちに、「いのちのバトン」物語を話してもらえませんか。きっと、こころの宝ものになってくれます。

⑦普通の生活をきちんとする
いのちを輝かせる「場」は日々の暮らしに

いのちを輝かすとは

「いのちが輝いている」

そう感じた情景を今でも鮮明に覚えています。

その日、病院から一時帰宅した景子と、久しぶりに家族全員で公園に出かけました。

数日前、景子の病気は再発して、脳に転移していることを告げられていました。

無邪気に遊ぶ景子と康平を見ていると、ある思いが胸に迫りました。

「これが最後かも……」

この一瞬の生活が何ものにも代え難いものに感じられました。すると、景子と康平の姿、芝生、草花、ブランコ……すべてが輝いているのです。

今までに何十回も来た公園でしたが、初めて感じた輝きでした。

秋の日、保育園の運動会がありました。

景子は、入院が続いて練習もしていません。先生が、その場で「こうするんだよ」と教えてくれました。跳び箱では、足がひっかかり落ちてしまいました。周りの「あっ」という声が聞こえます。自分で立ち上がりお辞儀をして戻ってきました。

私　「頑張ったね。だいじょうぶ?」

景子「うん。練習すれば飛べるかな。楽しかったよ。いい思い出ができたね」

景子は、記念の金メダルを先生から首にかけてもらい本当に嬉しそうでした。その金メダルは、病院のベッドの枕元にずっと飾っていました。

小学校に入学すると、景子は車いすの生活になりました。

学校に行くときは、「教科書をそろえるから、二階に連れて行って」と言いました。淳子は、景子を抱きかかえて二階の部屋に行きます。景子は、学校のことを話しながら、嬉しそうにランドセルに教科書やノートを入れていました。

私は、その一つ一つの景子の姿に、いのちの輝きを感じました。でも、景子にとっては、「普通の生活」の一つ一つであったように思います。

生活すなわち「いのちの授業」

「子どもたちの普通、生活環境がどんどん変わっており、本当に戸惑っています」

学校の先生からよく聞く生の声です。SNS中心のコミュニケーション、殺人ゲームに熱中、バーチャルな日常感覚……子どもたちの「普通の生活」の変化には本当に驚くばかりです。でも、子どもの「心を育む」ための「生活の学び」の原点は、大きく変わるものでしょうか。

学校を訪問すると、5分でその学校や子どもたちの姿が感じられます。

校庭、廊下、教室がきれいに掃除されている。見知らぬ私に「こんにちは」と大きな声で挨拶をしてくれる。下駄箱の靴がきちんとそろっている。そういう学校の子どもたちは、とても輝いているように感じます。なぜでしょうか。

掃除——。

ある小学校では、「いのちの授業」をするために六年生の児童が会場づくりをしていました。椅子を並び終えると、さらに全員がタオルで椅子を拭き始めるのです。

びっくりする私に先生が言われました。

「掃除をするときれいになります。きれいな環境にいると、心もきれいになる。散らかった環境にいると、心も乱れていく。汗を流して自分で掃除をすると、汚さなくなります。掃除を通じて、自律性も思いやりも育ってくれます」

挨拶、返事——。

挨拶や返事のできる子どもは、周りの人と「心の対話」「人間関係」ができるようになります。ある中学校の先生が言われました。

「生徒は、入学式で『はい』と返事をして学校の一員となり、卒業式で『はい』と返事をして旅立つ。返事を聴けば、心の様子が分かります。毎日の『はい』を大切にしようと生徒に話しています。卒業式の『はい』こそ、心の成長の証です」

履物をそろえる——。

自分が履いてきた靴やスリッパをそろえて置けば、後からくる人のことを思いやれる人になれる。人間としてのけじめもできます。

掃除、挨拶、返事、履物は、１０００年以上も前から、心を育む「生活の学び」として実践され続けています。今も、日本を代表するグローバル企業でも実践されています。

「生活」とは、いのちを「生」きる、いのちを「活」かす―ことです。

いのちを育む場は「生活」の中にこそあります。

生活は、親から子どもへ、子どもから孫へと引き継がれていきます。生活環境が変わり続ける時代だからこそ、世代責任として何を示していくかを問いかけてみてください。便利さ、コスト、目先の結果などを求める中で、大切なことを置き去りにしていませんか？　それは子どものためですか？　大人の都合ではありませんか？

自分の普通を生きる

「普通に暮らせる大切に気づきました」

「いのちの授業」でとても多いメッセージです。「普通」についても考えてみます。

体重326グラム。

ペットボトルより小さい「奇跡のいのち」が誕生しました。妊娠23週での緊急出産。肺はなくとも2回泣きました、「生きる！」と叫ぶように。医師は、母・みゆきさんに告げました。「72時間、生きられないかも」。「生」きてほしい「未」来に向かって。その思いを込めて、「生未（いくみ）」と命名しました。

「はじめまして、だめママです」。生未ちゃんと初めて対面したときの言葉です。

「かわいそうな姿に、産んだとは言えませんでした。『辛かったら、もう頑張らんでもいい』と思ったことも。でも『生きよう』とする生未のいのちを感じたんです」

生未ちゃんは、奇跡的にいのちをつないでくれました。しかし、知的にも身体的にも重い障がいが残りました。

6年後、地元の小学校に入学できました。「普通の子どもと同じように学校に行かせたい」と、みゆきさんは学校にお願いをしたのです。「生未ちゃんのおかげで、みんなが優しくなれます。ぜひ来てください」と校長先生。

在籍は特別支援クラスでしたが、音楽・体育・学校行事はお友だちと一緒です。「生ちゃん〜」と、お友だちがいつも声をかけてくれました。生未ちゃんの周りは、いつも笑顔と優しさがいっぱいになりました。

奇跡？　ハイハイしかできなかった生未ちゃんが、歩けるようになったのです。秋には、何と運動会の徒競走（40メートル）を完走。もちろん、そのタイムは同級生の何倍もかかりました。みゆきさんは涙がこぼれました。

そんな生未ちゃんの「いのち」を、ドキュメンタリー映画（『四つの空　いのちにありがとう』）として制作することにしました。その撮影での出来事です。

その日、生末ちゃんは学校から自宅まで初めて歩いて帰ることにしたのです。歩けるようになったとはいえ、その足元はまったくおぼつかない状態です。みゆきさんと手をつなぎながらも、何度も何度も転んでしまいます。

みゆきさんは、生末ちゃんを起こそうとはしません。「生ちゃん、いくよ」と、見守りながら声をかけるだけでした。心配そうにみつめる私に言われました。

「これでいいんです。転びながら、自分で立って歩くことが、『この子の普通』です。それができなければ生きていけません。『私たちの普通』ですから」

自宅の居間で、みゆきさんが本当に嬉しそうに話してくれました。

「『ありがとう』。最近、この子なりに言えるようになったんですよ。この子は、誰かの手を借りなければ生きていけません。次は、『心を込めて、ありがとう』ですね」

少し目を潤ませながら言葉をつないでくれました。

「私たちの方が早く死にます。この子を置いていくのがとても心配です。それでも、生きてほしい。私たちは、生ちゃんでよかった。生ちゃんも、私たちでよかった。心からそう思えます」。

目の前にある現実も、ありのままの自分も受け入れて、幸せになろうと歩んでいく。諦めることでもない、割り切ることでもない、忘れることでもない。その歩みが、「自分の普通」となってくれることを教えてもらいました。

いのちのメッセージ

「景子ちゃんは、えらいと思いました。車いすになっても学校へ行ったり、しゅくだいをしました。わたしなら、やすんでしまいたいとおもいます。いのちも一日もたいせつだとおもいました」

（小学生）


「景子ちゃんは頑張って短い人生を生き抜いたけれど、自分はどうだろうか？　いのちを大切にし、一日一日を大切にしているだろうか？？？　何をしていいか分かりませんが、まず部活を一生けんめいにします」

（中学生）

「景子ちゃんにあこがれたことがあります。『ありがとう』と素直に言えちゃうことです。私は、お母さんに『どうも』って言ってしまいます。ありがとう、ごめんなさいとちゃんと言える人の命こそ、すごく輝いているんだと思いました」（中学生）

◆大切にしたい「いのちの眼差し」

いのちを育み、輝かせる場は、「普通の生活」の中にあります。

私たちの生活環境は大きく変わり続けています。でも、心を育むための「生活の学び」の原点はどんな時代になっても同じです。一つ当たり前のことをすると、一ついのちも輝いてくれます。

「普通の生活」は、その家族なり、その人なりにあります。

あなたにとって、大切にしたい「普通の生活」を見つけてもらえませんか。そして、子どもとともに、一日一日、「普通の生活」を生きていきましょう。

⑧まず、大人が生き方をみつめる

心の根っこのある人になる

生きること、働くことを深める

ある中学生のメッセージに心がドキッとしました。

「いい話で感動しました。でも、親を大切にしろとの話にしらけました。なんであんな親を大切にしないといけないのか。親を大切にすることが、いのちを大切にすることなら、いのちなんていらない」

子どもにとっては、親や大人の姿こそ「社会の鏡」です。

子どもがいのちを大切にするために一番大切なことは、まず、大人自身がいのちを大切にする—ことです。

普段、私たちは「いのち」について、あまり気にすることもなく暮らしています。ぜひ、大人自身がいのちに向き合って、生きること働くことをみつめてほしいのです。

「いのちを大切にする」とは、いのちを大切にする「心を育む」ことと申しました。「心を育む」ことについて考えてみます。

心と知識の関係をイメージして絵を描いてみてください。

あなたはどんな絵を描きますか。人が成長するためには、知識と心の両方が大切である、とみんな思います。ただ、その関係となるとぼんやりしていませんか。

私は、大きな心の上に知識がある、ダルマのようなイメージです。

どんなに知識があっても、泥棒に使ったら犯罪者です。知識ばかりが大きくても、心が小さければひっくり返ってしまいます。生きていく中で、苦しいこと、辛いこと、涙することは必ずあります。それらを乗り越える「生きる力」が「心」です。現実の中で、いろいろな問題が発生します。それを解決する「手段」が「知識」です。

この大切な「心」は見えません、形もありません。どのように育んだらよいのでしょうか。順番があります。「何を大切に思うか」→「どう生きるか」→「どう働くか」に思いをはせる。その先に、生きがいや働きがいがあるのです。現実が厳しくなると、つい目先をどう上手く乗り切るか、どう稼ぐかに心が奪われてしまいます。土台が定まっていなければ心は漂うばかりです。

このとき、いのちをどう感じているかがとても大切なのです。

いのちに向き合うとき、自然に心に感じるものがあります。生かされている、つながっている、かけがえがない、限りがある、愛されている、支えられている。この「いのちの実感」が働くことも深めてくれます。

たとえば「かけがえがない」です。

企業などの不祥事が報道されています。その経営者や社員は、何と言ってやるのでしょうか。「会社のために」と言っているのです。「悪いことをやろう」と言ってやる人はいません。その会社の企業理念には、社会に貢献することが掲げられています。

もう一度問いかけてみてください。あなたの会社はなんのために存在するのですか？　多くの方は言われます。「製品やサービスを通じて社会に貢献します」「雇用を守ります」「納税します」。これらは大切な役割です。しかし、それは他の会社もしています。もう一つ高い志を持っていただきたいのです。

社会にとってかけがえのない存在になる。「〇〇会社さんがあってよかった、なくなったら困る」。そう言ってもらえるかどうかです。そのためには、会社にとって、何がかけがえのないものかを社員一人ひとりが心に刻むことがとても大切です。

次に「生かされている」です。

企業の社会的責任、お客様満足、働き方改革が言われます。社会に生かされている、お客様に生かされている、社員に生かされている。そう思うとき、働くことはもっと深いものになります。

また「つながっている」です。

私たちは、家族として、〇〇会社の社員として、日本人としてつながっています。つながりの中で存在しているのです。そのつながりを実感することが、自分（アイデンティティー）をつくり、１００年企業の組織風土やＤＮＡになってくれます。

「いのち」は、英語で「ＬＩＦＥ」です。ＬＩＦＥは、生命、人生、生きる、生活、生きがい、活力、生き様などを意味します。

いのちをみつめてこそ、生きることも働くことも定まるのです。

みんな、いのちの仕事をしています

秋の日、東北の被災地での講演会にうかがいました。

テーマは「生きる幸せ、働く喜び」です。講演後、主催者の生命保険団体の代表の方が言われました。涙を流しながら……。

「あの震災で仲間がたくさん亡くなりました。でもわずかしか保険金を支払えませんでした。もちろん、お金でいのちは戻りません。しかし、せめてお金があれば、残された人の生活を再建できたはずです。どうして、自分はもっと真剣に保険を勧めなかったのか。本当に申し訳ない気持ちでいっぱいです」

今、その方は必死に保険を勧めているそうです。「あなたの仕事は何ですか?」。以前のその方は「保険を売っています」。今は「いのちを支え守る仕事をしています」と話されています。

私たちは、みんな「いのちの仕事」をしています。

電気・ガスなどの社会インフラが停止すれば、いのちは危うくなります。建設・土木事業は、市民のいのちと財産を守ります。製造会社は製品を、銀行・保険会社は金融サービスを通じて社会を支えます。行政の公的サービスは社会のセーフティーネットです。教育はいのちを育み、医療福祉はいのちを守ります。

「○○会社に勤めています」「公務員です」「教師です」「医師です」……それは上着にすぎません。働くモチベーションは、誰かが高めてくれるものではありません。自分で、自分の仕事をどう意味づけるかが一番大事です。

いのちへの思いを仕事に込めてこそ、天職となるのではないでしょうか。

いのちをみつめる　自分を変える

学ぶとは変わることとです。でも、自分を変えるのは本当に難しいものです。

何を思うとき、人は変わるのでしょうか。

いのちをみつめて二つのことを思うときと、人生を振り返りしみじみ感じます。

一つは、「いのちに限りがある、いかに生きるか」

人は必ず死にます。景子が特別だったわけではありません。みんなより早かっただけなのです。もし余命1年と宣告されたら、あなたはどうしますか。どうして自分が？と怒り、嘆きます。でも何か生きた証を遺そうとは思いませんか。使命は、「命」を「使う」と書きます。限りある自分の命を何に使いますか。

もう一つは、「人生の中で出遭う困難をいかに意味づけるか」

景子を亡くした後、「どうして自分だけがこうなるのか」と何度も何度も思いました。ある方が言われました。「鈴木さんは、天国にいけた子どもが持てて幸せでしたね」。私は何を言っているのか分かりませんでした。どうして子どもを亡くすことが幸せなのかと。その方は、子どもの頃のご病気でお子さんが望めないお体の女性でした。その方にとっては、子どもが持てたことを幸せと感じられたのではと思いました。そのとき、初めて分かりました。

みんな同じ。私はたまたま子どもを小児がんで亡くしました。でも、みんな、悲しみ、苦しみ、劣等感を持って生きているのです。

人生には困難、「難」が「有」ります。「難有」を逆にすると、「有難」し、「有難う(ありがとう)」になります。

「有難う」の意味は、人生の困難でさえ、自分の心次第で感謝にできるということです。でも、そんな神様みたいなことはなかなかできません。だから涙を流していい、怒っていい、愚痴を言っていいのです。でも自分の困難は自分しか向き合うことはできません。その困難に向き合い、意味づけたとき、流した涙の分だけ幸せになれるのです。私も10年たって、やっとそう思えるようになりました。

この二つのことを思うと、あるものが芽吹きます。強い思いです。ああしたい、こうしたい。その思いを毎日実践するとき、生きる・働く・ご縁・幸せ・家族というものが、今までとは違うものに感じられようになります。それが、心の根っこ＝人間力になってくれます。

根っこや人間力は、机の上だけで芽吹くものではありません。歯を食いしばって一生懸命に生きる働く中で、芽吹き、そして根が深くなるのです。

この二つの思いは、人生の逆境を拓く扉にもなってくれます。

誰にでも、必ず人生の逆境があります。私の人生の逆境は、景子を看取るときでした。そのとき二つのことを思いました。一つは、代わってやれるなら。もう一つは、自分が死んだ方が楽だ。

人生には、どうしようもない、逃げるに逃げられない、死ぬに死ねないときがあります。でも不思議です。そんなことさえも、いつかあのおかげでと思えるようになってくれるのです。

いのちのメッセージ

「生きる、働く、家族のことを別々に考えがちでした。みんな、いのちによって輝き、いのちによってつながっていると、心にジ〜ンと響きました」　（女性）

「働くことは生きること。どう生きるかを考えずに、働くことは定まらない。いのちを思うことで、人として生きる根幹を考えさせてもらいました」　（男性）

「毎日の競争、競争、競争。数字、数字、数字の中で、見過ごしていたこと、本当に大切なことを感動の中で気づかせてもらいました。とてもすがすがしい気分でいっぱいです。今日のことを職場の仲間や家族にも話します」

（男性）

◆大切にしたい「いのちの眼差し」

子どもがいのちを大切にするために一番大切なことは、まず、大人自身がいのちを大切にすることです。

心揺れる時代です。いのちに向き合ってこそ、生き方も働き方も定まります。いのちに思いをはせて、生き方・働き方をみつめてもらえませんか。心の根っこが必ず芽吹いてくれます。

いのちを大切にする、あなたの姿を子どもに見せてあげてください。あなたの思いは、子どもの心にきっと届きます。子どもとともに、いのちをみつめ続けましょう。

⑨明日を信じる

笑顔と小さな夢は100年の種

ストローの水筒を買って

景子の葬儀が終わり、出社したときのことです。

私は役員室に呼ばれました。役員は私をみつめて言われました。「奥さんは大丈夫か。いいか、人生は必ずバランスする。そう信じろ」。その役員は、手術をして職場復帰したばかりでした。「人生のどん底にいるとき、信じることが第一歩になるのか」

と心に感じたことを覚えています。

夏の日、高校で「いのちの授業」した後、一人の生徒が来るのを部屋で待ちました。生徒は自傷行為をしていました。「15分でも会ってもらえませんか」と先生が言われたのです。生徒は一人で入室すると、頭をペコリと下げて無言で座りました。ずっとうつむいたままでした。

私「名前は？」

生徒「〇〇です」

私「今日の話は、どうだった？」

生徒「……」

私「聞きたいこと、話したいことがあれば何でも言ってね」

生徒「……」

何か話そうと、唇が動きますが言葉にはなりません。何分か過ぎたでしょうか。小さな声で話してくれました。

生徒　「景子ちゃん、もっと生きたかったですよね」
私　「そうだね。また学校に行ける、またお友だちと会えるとずっと思っていてね。ある日、『ストローのついた水筒を買って』と言ったんだよ」
生徒　「水筒？」
私　「亡くなる1週間前ぐらいかなあ。『私、もう起きられなくなったでしょ。でもストローのついた水筒があれば、自分で飲めるからみんなと遠足に行けるよね』と言って。最後まで、明日を信じていたんだね」
生徒　「明日を信じていた……」

そのとき、生徒の頬に涙が流れました。そして、「ありがとうございました」と小声で言って、部屋を出ていきました。後日、担任の先生からご連絡をいただきました。「あの子なりに、何かを感じてくれたようです」と。

明日を信じることとは、明日への一歩になってくれます。

人生時計をご存じですか。人生を24時間になぞらえて、今、自分が一日の何時にいるかを考えるものです。14歳の子どもならば、夜明け前の4時頃です。そう、子どもたちはまだ何も見ていないのです。感動的な夜明けも、すがすがしい青空も、燃えるような太陽も。子どもには、いっぱいの可能性があるのです。

もっと楽しい、もっと面白い「明日がある」と信じる。その思いを話してあげてください。

笑顔はこだまする

景子の余命は数か月と告げられた日のことです。医師との面談を終えて病室に入るとき、私は、「つくり笑顔」をしてドアを開けました。

景子は、背中の後ろに何かをかくしてベッドに座っています。そして、照れ笑いをしながら、おもちゃの剣を出して言いました。

「子どもをほかってどこに行っているんだ。悪いやつらは、おしおきよ！」

テレビアニメの主人公の真似でした。景子も、私も、淳子も、みんなで大笑い。景子の笑顔に、本当に救われました。

　その日、私はメッセージを書いて淳子に渡しました。

「景子ちゃんは、自分のいのちで大切なことを教えてくれました。本当に親孝行な子どもです。景子ちゃんが、楽しく、明るく天国に行けるようにガンバロウね。涙は、そのときまでお預け。景子ちゃんが天国で見て笑ってくれるまで」

　3週間後、景子は天国に旅立ちました。

　お通夜のとき、看護師さんがほほ笑んで言われました。

「景子ちゃんのいのちは短かったけど、お父さん、お母さんの愛情いっぱいの中で、幸せだったと思います」。その笑みに救われました。

　景子の写真を仏壇に置きました。最後の誕生日に撮った、笑顔のウエディングドレスを着た写真です。私には寂しそうな景子にしか見えませんでした。

　ある日、康平が「お姉ちゃんの夢」を話してくれました。

「外を歩いていると、空から階段がおりてきたんだ。上がっていくと、雲の中にお姉ちゃんがいてシャボン玉や人生ゲームをしたよ。お姉ちゃん、元気で笑っていたよ」

本当に楽しくて笑顔いっぱいでした。私は、景子の写真に話しかけていました。「泣いているより、笑っているお父さんお母さんの方がいいよね」

その日、私は夢を見ました。大きな草原にあるすべり台で子どもたちが遊んでいます。すべり台の上には景子がいました。「景子ちゃん」と呼ぶと笑顔でこたえてくれます。「お父さん。わたしは、だいじょうぶだからね」。私は目が覚めると涙があふれました。

その日から、写真の景子は笑顔に見えるようになりました。「いのちの授業」では、ほほ笑んで映すようにしています。

ハイ、チーズ。写真を撮るときに、なぜそう言うのでしょうか。笑っているあなたが一番ステキだからです。

笑顔はこだまします。あなたが笑うと、子どもも笑ってくれる。子どもが笑うと、あなたも笑顔になれる。みんなで笑うと、みんなが元気になれるのです。

また、ユーモアにも「心の元気」を何度ももらいました。

会社を早期退職する日、私はお世話になった方々に挨拶回りをしました。

みんなの「大丈夫か？」との気持ちをヒシヒシと感じました。Aさんとの話は今も忘れません。Aさん「飯は食えるのか？」。私「毎日、素うどんにすればなんとかなるでしょう」。Aさん「そうかあ。『男のロマンは、女の不満』。奥さんを大切にな。たまには肉うどんでも食えよ」。二人とも大笑い。波高くとも、気分朗らかになりました。


残暑の頃、ある小学校に「いのちの授業」にうかがいました。

電車が遅れて、汗いっぱいで正門に駆け込みました。すると、正門は工事中で、「東門からお入りください」の掲示。「え〜」とイライラも最高潮に。すると、その横に手書きの看板を発見しました。「よい子も、わるい子も、ここであそばない」。思わず「いいねえ」と一人笑い。「よし行くか」とまた走り出しました。

ある小学校で理科のテストがありました。

「氷がとけたら何になるか」との問題でした。正解は「水になる」。一人の子は別の答えを書きました。「春になる」。先生は二重丸をして返したそうです。

ユーモアは、みんなを、ほっとさせて、みんなの心と心をつなげてくれます。そして、思いやりや前向きな心も育んでくれます。

笑顔いっぱい、いのちいっぱい。

笑顔づくりこそ、最高の「いのちの授業」です。

夢を持つ、夢を応援する

景子は、お姫様やファンタジーが大好きでした。

入院したとき、「夢を持てば、病気に立ち向かってくれるのでは」と絵本やビデオなどを見せました。

私　「夢の国には、お姫様や小人さんもいて、楽しい乗り物もあるんだよ。みんなで行こうね」

景子「本当？　行きたい！　頑張るぞ！」

先生も看護師さんも声をかけてくれました。「夢の国は、とっても楽しいよ」「きっと行けるからね」と。

翌年の春。ついに、医師から「夢の国、ゴーサイン」がもらえたのです。

景子は初めて乗る新幹線の中からそわそわ。駅に着くともう大はしゃぎです。「お父さん、お母さん。早く！　早く！」。入園すると、お城をバックにみんなでピース写真を撮りました。

私が夢の国にくるのは2回目でした。1回目は、新婚旅行でカナダ出発の前日でした。「次は、子どもといっしょに家族で来よう」と思いました。2回目のこの日、家族みんなで来ました。しかし、景子は病気の治療が続いています。「次こそ、元気な家族として来られますように」と祈りました。

2年後の春、夢の国に出発しました。

最後の家族旅行でした。「できるときに、景子ちゃんの夢をかなえてあげませんか」と医師が言われました。そして、治療予定を変更して緊急時の病院の手配もしてくれました。みんなが、景子の夢のために応援してくれたのです。

夢の国には、車いすを借りて入園しました。車いすで出発しようとすると、お姫様が待ってくれているのです。「お姫様だ！」と景子は大喜び。車いすで入園することを知って、夢の国の人が応援してくれたのでしょう。前回と同じように、お城をバックにみんなで写真を撮りました。

帰るとき、駅からお城を見て景子は言いました。「お父さん、お母さん、また連れてきてね」。「うん、来ようね」。それは、もうかなわない夢でした。

景子が天国に旅立った後、私は夢の国の駅を何度も通り過ぎました。

お城を見ると、景子が思い浮かんで胸が熱くなります。そして、小さな夢が芽吹きました。「いつか、康平の家族といっしょに行きたいなあ」

景子が旅立ってから20数年がたちました。

今日は、康平の結婚式です。淳子は、景子の写真をひざの上に置いています。「景子ちゃんもいっしょにお祝いしよう」と思ったそうです。

数年後、女の子と男の子が生まれました。

夏の日、康平の家族といっしょに夢の国に行くことになりました。私は景子の写真に話しかけました。「いっしょに行こうね」

夢の国の駅に着くと、康平の子どもたちは大はしゃぎです。「パパ、ママ。早く！早く！」。入園すると、お城をバックにみんなで写真を撮りました。あの日と同じ場所で。

私は、父母の姿が思い浮かびました。景子の入院中は、康平を3年間育ててくれました。康平の誕生日、楽しそうに遊ぶ景子と康平を見て言いました。

「みんなが元気でいてくれることが、一番の幸せ。お祝いしなくちゃね」

今、父は認知症です。母は天国に旅立ちました。

新しい小さな夢が芽吹きました。

「康平の子どものお嫁さん姿を見られたらなあ……」

夢を持つ――ことは、幸せの種になってくれます。夢を応援する――ことも、幸せの種になってくれます。いのちの夢はきっとかないます。

いのちのメッセージ

「お母さんがわらってくれるとうれしくなります。お母さんがさみしくしていると、しんぱいになります。だから、わたしもわらっていようとおもいます」（小学生）

「ぼくには人に言えるような夢が今はありません。でも、自分がしたいことを応援してもらえると嬉しいです。夢を応援する自分になることも、大切な夢だと思いました」（中学生）

「子どもを育てて、母の気持ちが分かりました。孫が生まれて、祖母の気持ちが分かりました。母と祖母を思うと胸が熱くなります。いのちの恩送り。子どもと孫の人生を祝ってあげたいと思います」（女性）

◆大切にしたい「いのちの眼差し」

いのちを育むとは、100年の種まきをすることです。

子どもは人生100年時代を生きていきます。今、あなたは花を見ることはできないかもしれません。でも、いつか「いのちの花」は咲いてくれます。

ひとり一人、その人の人生は素晴らしくて意味があります。

あなたから笑顔を届けましょう。夢を持ち、夢を応援しましょう。もっと楽しい明日が来ると信じましょう。子どもにとって、きっと「生きよう!」の一歩になってくれます。

⑩幸せになるために「いのち」をみつめる

本当に大切なこととは?

家族一緒のピクニック

景子は、車いすの生活になった頃、7枚の絵を描いて自分で絵本をつくりました。

私　「どんなお話なの?」

景子「みんなでピクニックにいくお話。ちゃんと聞いててね。朝、私が起きるでしょ。台所に行くと、お母さんがごはんをつくってくれているの。ごはんを食べて、

家族みんなでピクニックへ

お父さん、お母さん、私、康ちゃんで、一緒にピクニックにいくの。お山のてっぺんにのぼるのね、康ちゃんはバンザイしている。康ちゃんはいつも元気だからね。そして、みんなでお弁当を食べるの。それから、公園で康ちゃんとすべり台をするの。康ちゃんはまたバンザイしているんだよ」

私　「すごいね、よく描いたね。康ちゃん、そっくりだね。どうして、ピクニックの本にしたの？」

景子「……私の大切なものだから。お父さん、また行こうね」

3年間の闘病の末、いのちが終わろうとするとき、景子が思った大切なものは、家族みんなでピクニックに行くことでした。「うん、行こうね」。私は胸が熱くなりました。

ある中学校で「いのちの授業」をしました。

数日後、先生のお手紙が届きました。

「実は、恥ずかしながら私は教諭として『いのち』というテーマに、ずっと向き合うことのできなかった人間です。なぜなら、自分がいのちをつなぐことができなかったからです。8年間という不妊治療を終え、今は、その後発症した病気と上手につきあっています。

私たちは、『夢は願えばかなうもの』『頑張って』と簡単にこの言葉を使います。私自身もずっとこの言葉を信じて、ゴールの見えない治療を続けてきました。治療に失敗すると、『自分の願う気持ちが足りないから』と自分を責めてきました。今思うと、何かにとりつかれたような日々でした。

治療をやめ、ようやく子どもがいない自分を受け入れることができるようになり、

『いのち』について学んでみたくなりました。今までは、母性としての『いのち』にとらわれていたように思います。病気とつきあいながら、人間としての『いのち』『生きること』を考えてみたくなったのです。

いのちに限りがある。難有りは有難う。涙の分だけ幸せになれる。どの言葉もとても共感できる言葉ばかりです。この言葉を胸に、『ありのままの自分でいいんだよ』とみんなにメッセージを伝えていきたいと思います。

とても辛い時期でした。でも、この体験と流した涙の分だけ、人生が豊かになり、大切なものを見つけたと確信しています」

先生の笑顔が目に浮かび、目頭が熱くなりました。そして、私にとって「大切なもの」って何だろう、と思いました。

いのちをみつめる意味

大人向けの「いのちの授業」では、ある質問をします。

「お金、名誉、家族、仕事、いのち。あなたの人生にとって、何が一番大切ですか？」

答えには、正解も間違いもありません。しかし、一つ確かなことがあります。何を一番大切に思うかによって生き方が決まります。

しかし、本当に大切なことを確信することは難しいものです。世の中も、人の心も移ろいます。その中で、自分の心も揺れて流されていくからです。私もそうです。

20代の頃、働きがいがほしいと考えていましたが、それは「出世がしたい」でした。幸せな家庭を築きたいと言いましたが、実は「大きな家に住みたい」。大切にしたいものの多くはほしいモノでした。でも、子どもを亡くす、会社を辞める、「いのちの授業」通じて「いのちに向き合い」いました。今、大切に感じるものは、生き抜く・支え合う・ありがとうになっています。

いのちへの思いも、人生の歩みとともに変わってきました。

子どもが生まれたとき。いのちは、喜び・未来・無限の可能性でした。子どもを亡くしたとき。いのちは、絶望・怒り・不条理でした。「いのちの授業」を決意したとき。いのちは、どう生きるかを導くものでした。「いのちの授業」を続けるとき、いのちはLIFE、生命・人生・生活・生きがい・生き様を思うものでした。

今は、「いのちは預かりもの」です。みんな、遅かれ早かれお返しするもの。少しでもピカピカにしてお返しできればと思います。10年後には、また変わっているのでしょう。

人生の来た道、行く道を思います。

父は97歳、認知症です。ある日、突然、「なかちゃんか（=私）？」。そして、10秒ほど天井をみつめてポツリ言いました。

父「僕も97歳。こんな格好でいる。人間として在るのかなあ。僕の人生は何だったんだろうか。生かしてもらえるだけで有難いのだろうねえ」

私「……親父さんがいてくれたから、みんながおる。ありがとうだよ」
父「そうか。ありがとうと言ってくれる人がいる、誰かの役になったか。幸せだなあ」

「ありがとう」と言ってくれる人がいてくれる、誰かの小さなお役に立てることを大切にしたいとしみじみ思います。

人生の目的は、幸せになることです。

いのちをみつめる意味は、本当に大切なことに気づき、どう生きるかを思い、幸せになることです。

幸せは、誰かがプレゼントしてくれるものではありません。どこかのお店で買えるものでもありません。大切なこととは何かを、自分に問いかけてこそ手にすることができるものです。

すべて自分の心が決めます――。だからこそ、「人生の命題」として、いのちに向き合い、自分にとって「何が大切か」を問いかけ続けてみてください。

僕は、生きていきます

冬の日、海岸近くの小学校で「いのちの授業」をしました。

子どもたちの感想を聞くために、ある男の子にマイクを向けてみました。緊張したのでしょうか。言葉が出ずに、突然、泣き出してしまったのです。

「とっても感動したんだよね」と、隣に座っていた先生が話しかけました。

「うん」と、その子はうなずいて先生に抱きついたままです。

2週間後、子どもたちの感想文が届きました。最初の感想文には、先生のメモが添えられていました。

「この子は授業で泣いてしまった子です。六年生ですがほとんど漢字を書けません。いつも無口なので何を考えているかと心配していました。この子の気持ちを知って胸が熱くなりました。職員室で話すと、みんなが涙を流しました」

その感想文は平仮名ばかりでした。

「おやこうこうしようとおもっても　ぼくは　なんのとりえもありません。

とうさんとかあさんに　いつもめいわくをかけています。

なにかないかとかんがえてみたら

とうさん　かあさんよりも　はやくしなないにしました。

だから　ぼくは　がんばっていきていこうとおもいます」

この子は、たとえ漢字は書けなくても、大切なことを芽吹かせてくれました。

いのちを大切にしよう！　生きよう！

なぜでしょうか？　私の「いのちの授業」を体験したからではありません。この子に、いのちの大切さを一生懸命に伝えようとした家族、先生、大人がいたからです。

「いっぱい、いっぱい、生きるんだぞ」
心の中で語りかけたとき、感想文の上に涙がこぼれました。

いのちのメッセージ

「なんのために生きているかと聞かれても、ずっと答えられませんでした。幸せになるために生きると教えてもらい、ちょっとワクワクしています。これからもいのちについて考えていきたいです」

（高校生）

「私にとって、一番大切なものは家族です。そう思えるものがあることが、一番幸せなことですね。子どもたちも、自分の大切なものを思えるようになってほしいです。一緒にいのちをみつめて、子育ても頑張ります！」

（母親）

◆大切にしたい「いのちの眼差し」

いのちをみつめてこそ、幸せになれます。

いのちへの思いも、本当に大切なことも、人生の歩みとともに変わっていきます。だからこそ、いのちに向き合い、あなたにとって「本当に大切なこととは何か」を問いかけ続けてください。

いのちをみつめる意味と素晴らしさを、子どもに語ってもらえませんか。あなたの思いとともに。みんなが幸せになるために。

あなたに贈る言葉

いのちのバトンタッチ

愛されている「いのち」
限りある「いのち」
かけがえのない「いのち」
つながっている「いのち」
生かされている「いのち」
大切な自分の「いのち」、大切な仲間の「いのち」

当たり前にある「いのち」は、「きせき」なんだよ
むだな「いのち」なんて、ひとつもないんだよ
だから「生きる」んだ

生き抜く、支え合う、ありがとう、笑顔を大切にしよう
限りある「いのち」をどう使うかを問いかけよう

絶対、親より早く死んではいけない！

だいじょうぶ。
きっと幸せになれるから

おわりに

今年、「いのちの授業」を発起して20年を迎えました。この本は、「いのちの授業」20年の集大成として綴ったものです。たくさんの出会い、支えてくださった方々のことが思い出され、ただただ感謝の言葉しかありません。本当に「いのちのご縁」に恵まれた、ありがたいなあ、その気持ちでいっぱいです。

この本では、我が身の恥ずかしい姿は横に置いて、立派なことを書いております。「私は出来ていませんが、こんな眼差しを大切にしてみませんか」との思いです。実は、一番出来ていないことは、家族を大切にすることです。

「奥さん、よくついて来ましたね」

私のこれまでの歩みをお話しするとき、みなさんから一番よく言われることです。淳子のことを少し綴らせてもらいます。

「いのちの授業」を始めるために、会社を辞めると伝えたときのことです。淳子は少し考えて言いました。「最近、少し変だなと思ってた。お父さんが、一日一日を真剣に生きるなら応援します。これからは、節約して生活しなくちゃいけないね」。景子の死後、私と淳子は一緒に小児がんの支援活動をしてきました。景子が遺してくれたものを伝える大切さを、淳子も感じてくれていたのです。

翌日、会社から帰ると、淳子が居間の机の上に紙を広げていました。何だろうと見ると、ハローワークの求人情報でした。淳子は、パートタイムでの仕事をしていましたが、不安定になる家計を支えるために、正社員として働き口を見つけようと考えたようでした。中学二年生となった康平の言葉は、「お父さん、ご飯はどうするの？」でした。子どもの方がずっと大人でした。

その後、淳子はいくつかの会社に面接にいきましたが、なかなか就職は決まりません。面接のとき、夫の職業と就職理由を聞かれました。淳子は、「主人はしたいことがあって会社を辞めますので、私も働こうと思いました」と正直に答えていたとか。その面接の様子が頭に浮かび、本当に申し訳ない気持ちになりました。二ヶ月後、やっと事務の仕事がみつかりました。

淳子は、「活動はうまくいっているの？」などと私に尋ねることもありません。「さあ、今日一日がんばろう」「疲れた、今日一日終わったね」が口癖です。今も働いてくれています。

私は、家事も子育ても淳子任せでした。淳子より一日だけ早く旅立ちたいとずっと思っていました。自分ひとりでは、とても生活できないからです。会社を辞めた後は、一日だけ長く生きたい。そのとき、「ありがとう」を淳子に伝えるためにと願っていました。

でも、大切な思いは今伝えることこそ大事ですね。心よりお伝えします。

この本を読んでくださったあなたに、ありがとうございます。

「いのちの授業」で出会った方々に、ありがとうございます。

支えてくださった方々に、ありがとうございます。

淳子さんに、ありがとう。

康平君に、ありがとう。

景子ちゃんに、ありがとう。

いのちこそ、全ての原点です。みんなで、いのちをみつめましょう。

「いのちの授業」の輪が広がりますように。あなたと、あなたの大切な人が幸せになりますように、と祈ります。

終りに、出版のご縁をいただきました株式会社ごま書房新社の池田雅行様、谷垣吉彦様に厚く御礼を申上げます。

鈴木　中人拝

2024年5月吉日

◇参考・引用資料

・人は何によって輝くのか（神渡良平著・PHP研究所）
・詩集　雪道（青木新門著・桂書房）
・こだまでしょうか、いいえ、誰でも　金子みすゞ詩集百選（金子みすゞ著・宮帯出版社）
・二十一世紀に生きる君たちへ（司馬遼太郎著・世界文化社）
・6歳のお嫁さん（鈴木中人著・実業之日本社）
・6さいのおよめさん（文：鈴木中人　絵：城井文・文屋）
・「いのちの授業」をつくる（鈴木中人　玉置崇共著・さくら社）
・いのちのバトンタッチ（鈴木中人著・致知出版社）
・人生のそのときに心に刻む10のこと（鈴木中人著・致知出版社）
・大人のための「いのちの授業」（鈴木中人著・致知出版社）
・子どものための「いのちの授業」（鈴木中人著・致知出版社）
・いのちびと（NPO法人いのちをバトンタッチする会）

◆著者略歴

鈴木 中人（すずき なかと）

1957年生まれ。NPO法人いのちをバトンタッチする会代表。81年㈱デンソー入社。92年、長女の小児がん発病を機に、「いのちの授業」や小児がんの支援活動に取り組む。2005年、会社を早期退職して、いのちをバトンタッチする会を設立。

いのちのバトンタッチをテーマに、いのちの輝き、家族の絆、生きる幸せ・働く喜び、良き医療を全国に発信する。1,000校を超える学校を訪問、授業や研修には30万人が参加、小学校・道徳の教科書にもなる。

三重大学医学部非常勤講師、元厚生労働省がん対策推進協議会委員なども務める。

著書は「『いのちの授業』をつくる」（さくら社）「子どものための『いのちの授業』」（致知出版社）など多数。

●公式サイト　https://inochi-baton.com/

私が一番受けたい「いのちの授業」

2024年6月30日　初版第1刷発行

著　者	鈴木 中人
発行者	池田 雅行
発行所	株式会社 ごま書房新社 〒167-0051 東京都杉並区荻窪4-32-3 AKオギクボビル201 TEL 03-6910-0481（代） FAX 03-6910-0482
イラスト	鈴木 景子
カバーデザイン	（株）オセロ 大谷 治之
DTP	海谷 千加子
印刷・製本	精文堂印刷株式会社

ISBN978-4-341-08861-3 C0030